モードとエロスと資本

中野香織
Nakano Kaori

a pilot of wisdom

目次

序　章　リセッションスタの復活　11

第一章　倫理を着こなすリセッショニスタ　17

変わるファッション価値
三度、同じ服で登場した「プラダを着た悪魔」
富の誇示から、良心の誇示へ
倫理的な贅沢
贅沢の再定義
グリーンは黒に代わる定番色
責任と持続可能性
毛皮をめぐる攻防

「ファーはエコロジカル」という主張
倫理ブーム誕生の背景
よき循環をめざして

第二章　「失わない」ための服装術

ファッショナブルではなく、プロフェッショナルに
なぜ、いまパワードレッシングなのか?
好況と不況、「成功」の定義の切ない違い
IT業界の寵児、ネクタイを結ぶ
口紅は、セックスアピールではなく、信頼感のアピール
上院議員にふさわしい髪

紳士クラブにふさわしい容貌をつくるグルーミング
アイデンティティ供給不足時代のグルーミングブーム

第三章　暴走資本主義が愛を蹴散らし、モードを殺す——73

倫理が、恋愛に代わる
モードの原動力は、かつて違法恋愛であった
ボディスは正しく引き裂かれてこそ
「モテ服」という虚構
「セクシーな服」「セクシーな時計」は、セクシーな男をつくらない
コサージュ、擦り切れたバッグの威力
小さくなりたい男たち

もっと細く、もっと子供っぽく
繊細さ、まるだしの男
男が男を殺すとき
弱くなれ、「いい人」でいい、張り合うな
趣味化する装飾
愛は資本主義を生み、資本主義の行きすぎは愛を蹴散らした

第四章　現実を超えていくための「マンガ」と「エロい」――109

「カワイイ」も「エロい」も、モテをめざさない
マンガになりたい
本格的接近の始まりは、村上隆？

コスプレ認知の始まりも、二〇〇三年

個性なくてもキャラ立てたい

人生はマンガを模倣する

「自分になれる」十全感

「セクシー」から「エロい」へ

ヴァギナ・ドレスにGスポット広告

ぶるるんリップをエロエロに

ファッションになったセックス・トイ

ラグジュアリー・セックス・ブランド

女の女装とエロスのライフスタイル化

第五章　ラグジュアリーと激安品のはざまで

原宿・表参道の二一世紀的光景
激安チェーンとハイエンドなデザイナーとのコラボ
ファスト・ファッションがデザイナーを救う？
ファッション・ジャーナリズム不信とストスナの大流行
貪欲な利益追求の果てにたどりついたのは
ブランドに対するラブ＆ヘイト
ブランドの転換期
社会の変化はスタイルの移行を伴う
総整理の後に残るものは
大不況期に生まれた「世界でいちばん高価な香水」

たいへんな時代だからこそ、着飾りなさい
あとがきにかえて ―― 179
参考文献 ―― 187

序章　リセッショニスタの復活

大恐慌が始まったばかりの一九三〇年の秋、アメリカの百貨店シアーズのカタログは、このような「警告」を掲載した。

「倹約こそが、いまのムードです。無謀な浪費は、過去のもの（Thrift is the spirit of the day. Reckless spending is a thing of the past.）」

ジャズエイジこと一九二〇年代の、「フラッパー」と呼ばれた女性たちの装い、すなわち、ボーイッシュでありながらヒラヒラふわふわしたファッションは完全に「アウト」となった。スカート丈は長くなり、自然なウエストラインが戻り、きちんとした印象を与えるテイラードスタイルが流行し始める。スタイルが激変したにもかかわらず、既製服の購入を控え、自分で服を縫い始める女性も増えた。

二〇〇八年秋のリーマン・ブラザーズの破綻《はたん》以来、深刻な金融不安が世界的に波及している現在にも、まさしく、似たようなムードが漂う。

ブランドものやアクセサリー、なかでも「イット・バッグ」と呼ばれた、高価なブランドのトレンドバッグによる富と流行感度の誇示、そして挑発的な「セレブ」風の露出過多ファッションは影をひそめた。それに代わって、無難なテイラードスタイルや、古着や基本的なアイテムを自己流に組み合わせる、これみよがしではない装いが、時代の空気になじんでいる。

経済不況期ぐらい、ファッションを放棄してもよさそうなものだが、倹約しながらなお、時代のムードに合う装いや振る舞いを最大限の努力でもって探したい。そんな願望はどんな時代においても、失われることは決してないようである。ファッションに対する関心が高く、その高さを積極的に表現する人をファッショニスタと呼ぶが、「不況（recession）でもファッショニスタ」「倹約（frugal）してもファッショニスタ」であろうとする人を表現することばとして、二〇〇八年のはじめごろから、こんな新語が英語圏のメディアで用いられるようになった。

「リセッショニスタ（recessionista）」、そして「フルーガリスタ（frugalista）」。

そんな新語と手を携えて表舞台に出てきた美の基準が、「リセッション・シック」であったり、「フルーガル・シック」であったりする。

倹約せざるをえない生々しい現実を別の表現に言い換えることで心の余裕をもとう、というような肯定的な意味合いも混じれば、こんなときにファッションだなんて、という皮肉まじりの意味合いも若干混じる。

自分で自分を「リセッショニスタ」と呼ぶときには、明らかに自虐風味の後者である。「倹約が必要になったので、靴を買えない」というような場面においても、「リセッショニスタなので、新しい靴っていう気分じゃないの」と言えば、みじめさもいくばくか減少しようというものである。

売る側もまた、このことばを利用して新しい価値を提供し始めた。「値下げ」と言わず、「リセッション・ビューティー」と称して値下げする美容室や、「リセッショニスタ・コレクション」という安価なシリーズを提供する化粧品会社が登場する。

新しいことばは、新しい発想を生む。リセッション・シックが積極的に探されるなかで、好況期には見られなかったファッション行動が目に留まるようになった。

経済状況がつらいときでも人は服を着なくてはならず、暗さがのしかかる時代であればこそ、そんな時代のファッション行動を通して見えてくる人の心の働きというものもある。経済不況期に入って都市部に現れてきたファッション現象を、その背後にある社会の動きを視野に入れながら、概観してみたいと思う。

本書は同時に、二〇〇〇年からの一〇年間を、ファッション史研究者の目で通して見た、ささやかな記録でもある。モードの変化を渦中で観察し続けてきた一同時代人が見た「ファッション史から見るゼロ年代」が、読者の皆様にとっての二〇〇〇年代、およびその先を考えるための、なにがしかのきっかけになれば幸いである。

第一章　倫理を着こなすリセッショニスタ

倫理的に正しい服なんてありません。倫理的に正しいのかそうでないのかは、人間の問題なのです。
（ジェニー・ジェローム・チャーチル、1854-1921）

There is no such thing as a moral dress…
It's people who are moral or immoral.
—Jennie Jerome Churchill

変わるファッション価値

不況が始まったばかりのころ、リセッショニスタたちはまず、お金を使わず、服を捨てずにワードローブを更新しようと考えた。もっともなことである。

その方法の第一番目として登場したのが、「交換」である。チャリティショップでの不用品交換会のようなことは大昔からおこなわれていたが、リセッショニスタが関わるのは、ファッショナブルな社交を兼ねたスワップ・パーティーである。この場合、交換（スワップ）するのは、パートナーではなく、あくまで服や小物である。いたるところでおこなわれたそのパーティーの模様が、ファッション・メディアの社交欄でも話題に上るようになった。

たとえば、ロンドンでは最先端のナイトクラブが、お洋服交換大パーティー（Swap-a-Rama Razzmatazz）をおこなう。客は、クラクションが鳴るたびに、一アイテムずつ他の客と服を交換していく。クラブを出るときには、服が全部入れ替わっている。「スウィッシング（swishing）」というパーティーは、もう使わないけれど自慢のアイテムを持参し、他の人の放出品から欲しいものをつかむ。スウィッシュとは、きぬ擦《ず》れの音をさせながらさあっとかき集める、というニュアンスのことばである。

日本では、大学生が中心となって主宰する古着交換会「X‐change（エックスチェンジ）」が、人気を博している交換会の一つである。持ち込まれた服にはエピソードタグというタグがつき、そこには持ち主のメッセージが書かれている。ただお金をかけずに新しい服を手に入れるだけでなく、服の交換を通してコミュニケーションを楽しもうとする姿勢に、ヨーロッパのリセッショニスタと相通じるものがある。

また、お金をかけずワードローブを更新する別の方法として、ブランド品レンタル産業が登場した。エルメスやシャネル、プラダといった高価なブランドバッグを、比較的手ごろな値段で、一週間、一ヵ月などの単位でレンタルするビジネスで、いっときは日本においても盛況、と報じられていた。

スワップにせよレンタルにせよ、「モノを捨てず、大金を払わず、ワードローブが更新できる」という点では合理的なのかもしれない。しかし、時代のムードにふさわしいスタイル、という観点から見ると、モノが人から人へと移動しているだけで、かんじんの、人の「スタイル」はまったく更新されていないことになる。レンタルしてまでブランド品を持つこと自体が時代のムードから浮き上がって見え始めるなかで、次第に、「ワードローブ更新（昨日とは違う服を着るべき）」という発想そのものが、疑問視されていく。

三度、同じ服で登場した「プラダを着た悪魔」

ファッショニスタに根強い思い込み、「ワードローブ更新」という暗黙の前提事項に変化をもたらす契機をつくったのは、ファッション界の女帝として長年君臨する、米『ヴォーグ』誌の編集長アナ・ウィンターである。

二〇〇八年の春夏シーズンのことである。六月二二日ミラノコレクション、六月二七日ウィンブルドン、七月一日パリコレクションと、一〇日ほどの間に、アナはキャロリーナ・ヘレラの同じ花柄のドレスを公《おおやけ》の場で三度も着まわして、モード界を騒然とさせた。

上からミラノ、ウィンブルドン、パリ。10日間で同じ服を３度着まわして公の場に現れ、暗黙のタブーにゆさぶりをかけたアナ・ウィンター。

公人、とりわけ女性が、同じ服を着て公の場面に現れる、ということは暗黙のタブー、というか、ファッション・ルールの踏み外し（faux pas）とされてきた。映画『プラダを着た悪魔』のモデルともささやかれた編集長たるもの、それを知らぬはずはなく、確信犯的に同じ服を着まわすことで、モード界に「革命」を起こそうとしたのではないかと推測されるのである。同じ服を三度着た結果として、それまでわがままな独裁者のように見られることもあったアナは、好意的な評価も得るようになった。

奇《く》しくも、その前年、英国皇太子の伴侶《はんりょ》、コーンウォール公爵夫人ことカミラが、ベージュのささ和紙（日本が誇る、笹と紙でできた繊維）の同じジャケットを何度も着て公の場面に登場していることが、英メディアの話題になっていた。

この「あえての掟《おきて》破《やぶ》り」も、結果として、いつも違う服を着てロハスやエコを説くセレブを愚かしく見せ、カミラの株を上げることに貢献する。

つまり、長い間、なぜか恥ずかしいとされてきた「同じ服を着まわす」ことは、ゴミ減らしが急務となり、経済状況が厳しくなった現代においては、時流に合ったファッション宣言とみなされ始めているのである。

同じ服を何度も着ることで、エコ路線を視覚的にも示す英皇太子ご夫妻。

富の誇示から、良心の誇示へ

エコロジカルやエシカル（倫理的であること）をうたい文句にする服飾品は、かねてより存在した。

オーガニックの天然繊維を無着色のまま使うものであったり、ゴミとなる包装や装飾を極力省いたシンプルなものであったり、それらはどことなく素朴で、のどかなイメージを漂わせていた。

しかし、現在起きているエコ＆エシカルの流れは、旧来の雰囲気とは一線を画する。ファッションが倫理をまとう時代がやってきた、と宣言していいほど大きな流れになっている。

始まりは、二〇〇五年であったかと思う。ロックグループ「Ｕ２」のボノが、妻のアリ・ヒューソン、デザイナーのグレゴリー・ローガンとともに、地球環境に配慮したエシカル・クロージングのライン、ＥＤＵＮを展開し始めたころである。ＥＤＵＮをうしろから読むとＮＵＤＥ（ヌード）、自然と裸の人間がイノセントに共存していたエデンの楽園に連想を導くことばとして選ばれたらしい。

ペルー、チュニジアなど、経済支援の必要な国を産地として選び、「何を買うかということは何に投票するかということ」と消費者の意識向上を促すボノの姿勢は、セレブリティ・カルチュアのブームに後押しされて、おしゃれな人々の間で大きな話題になった。ＥＤＵＮはその後も順調な成長を続け、二〇一〇年の時点で、ＬＶＭＨ（モエ・ヘネシー・ルイ・ヴィトン）グループの傘下にある。

二〇〇六年には、『ブラッド・ダイヤモンド』『不都合な真実』といった地球の問題に社会的に切り込む硬派な映画が公開される。ダイヤモンドの値段は流された血の量に比例するという闇《やみ》の事実を告発する映画、地球環境の待ったなしの危機を生々しく見せる映画は、消費者の意識を変えることに多大な貢献を果たす。

二〇〇七年には「良心的な消費（Conscientious Consumption）」が、ファッション消費のキーワードとなる。アメリカの経済学者のソースティン・ヴェブレンは、一九世紀に「顕示的な消費（Conspicuous Consumption）」ということばを用いたのだが（『有閑階級の理論』

高哲男訳)、それをもじった表現である。

一九世紀、二〇世紀の有閑階級は、富の誇示をすべく消費活動をおこなった。二一世紀には、消費の動機は富の誇示から良心へ。いや、富の誇示から良心の誇示へ、といったほうが正確かもしれない。

「良心」にめざめた消費者のエコ&エシカル需要は高まり、イギリスでは、菜食主義者としても知られるデザイナーのステラ・マッカートニー(ポール・マッカートニーの娘である)が、皮革を使わないファッション・ラインを提案して人気を博し、二〇〇七年、アニヤ・ハインドマーチは「私はレジ袋ではない(I'm NOT A Plastic bag)」と書いたエコバッグを発売して世界の都市部で大ヒットをとばし、社会現象になる。

同年の秋には、インターナショナル・ヘラルド・トリビューン紙主催のラグジュアリー会議において、主要なラグジュアリー・ブランドがモスクワに結集し、「エシカル・ラグジュアリー」をテーマに議論をおこなうにいたる。

エシカル・ラグジュアリー……倫理的な贅沢《ぜいたく》。

贅沢の魅力とは、本来、倫理と相いれないところにあったのではなかったか?

倫理的な贅沢

ことばは不思議な力をもつ。

倫理的な贅沢という、一見、矛盾をはらむ奇妙なことばが、新しい魅力的な概念として働き、新しいビジネスの形態や消費行動に、一本の太い方向線を与えていく。

前述のラグジュアリー会議で、アメリカのカリスマ的デザイナー、トム・フォードはエシカル・ラグジュアリーについて、こう語る。

「ラグジュアリーは、流行遅れにはならない。ただ、そのスタイルを変える必要がある。ラグジュアリーから空虚さを排し、深みを与えなくてはならないのだ」

カリスマが定義する「エシカル・ラグジュアリー」、すなわち「空虚さを排し、深みを与えられたラグジュアリー」のイメージを端的に広告で示してみせたのが、ルイ・ヴィトンであった。二〇〇七年秋のキャンペーンモデルとして、旧ソビエト連邦最後の最高指導者にしてノーベル平和賞受賞の、ミハイル・ゴルバチョフを起用した。

アニー・リーボヴィッツ撮影による、ベルリンの壁を背景にしたゴルビーの写真は、浮薄な印象など皆無で、たしかに、「深み」のある味わいをたたえる。ゴルビーはモデルに乗り気でなかったものの、自身が関わる環境保護団体「グリーンクロス」やアル・ゴアの地球温暖化対策プロジェクトに、ヴィトンの事業会社が寄付金を贈ることを知って承諾した、というエピソードが各メディアを通して報じられる。

女優のユマ・サーマン、スカーレット・ヨハンソンといった、それまで「ヴィトンの顔」として起用していたゴージャス美女路線からの、一大方向転換であった。

かくしてルイ・ヴィトンは、環境への配慮、社会貢献といった「深み」のあるシリアスなラグジュアリー・ブランドであることが、消費者に強く印象づけられていく。

一方、倫理的であることがクール、という大きな流れのなかに漂う消費者は、そんな「倫理的なブランド」を選ぶことで、自分も同じ価値観の持ち主として同定される、という幻想を抱いて安心を深めることができる。

どこまでも根が深いのは、ブランド・ビジネスの戦略と人間の虚栄心、と見えなくもないのだが。

贅沢の再定義

広報担当者が作成するブランドの紹介記事の内容も、変化の兆《きざ》しを見せる。二〇世紀まで、ラグジュアリー・ブランドのご威光のためには、伝説にいろどられた社史や、王侯貴族やスターといった華麗な顧客リストが不可欠であった。歴史やまばゆい顧客リストこそが、ブランドのステイタスの礎《いしずえ》とされていたところがある。

最近では、ブランドのステイタスを支える物語に、別の要素が加わるようになった。たとえば、創業一七八四年の英国の老舗《しにせ》のニット会社、ジョン・スメドレーである。二〇〇八年春から、「贅沢の再定義（Luxury Redefined）」と銘打たれたTシャツを展開する。セレブの顧客リストがない代わりに、公表されているのは、原料コットンの産地、ペルーの地域情報である。神秘的な「緑の砂漠」（砂漠地帯であるにもかかわらず、自然灌漑《かんがい》システムによって水をひき、農耕を繁栄させることができた地域）で有機肥料を使ってつくられる高品質な木綿を、フェアトレードにより大切にされている現地職人が、ていねいに糸にしていく。その過程が、美しく提示される。

こうして地球に貢献し、現地の人々と協働しながら、手間ひまかけてつくられた製品こそが、新時代のラグジュアリーである、というふうに、贅沢の基準が再定義されているわけである。

ちなみに、エシカルな新・贅沢Tシャツの価格は、日本円にして二万円ほどである。安価すぎる服は非人道的な労働搾取により生産されている場合がある、と知らされている意識の高い消費者の頭には、これだけ現地の人々を大切に扱い、かつ原料産地の環境に貢献しているならば決して高くない、と思えてくるように仕向けられる。

ブランドの格調高い歴史を知らされて、「ならば高いのも当然か」と錯覚し始めるのと、どこか似ている。

グリーンは黒に代わる定番色

二〇〇七年八月にはタムシン・ブランチャードが『Green is the New Black（グリーン

は黒に代わる定番色)』(邦訳未刊)というタイトルの本を出版しており、「グリーン(地球環境にやさしい)」であることがファッショナブルであるための絶対基準、という感覚が広く共有されるようになる。

ビジネス戦略であれ、モノを買うための大義名分であれ、エシカルであることで地球にも人にもやさしければ万々歳じゃないか。というわけで、二〇〇八年には、エコ&エシカルはほとんど猛威といってもいい勢いをふるう。

そして、一一月中旬、ロンドンにおいて、世界で最初の大規模なエシカル・ファッション・アワード、「RE：Fashion Awards 2008」の授賞式がおこなわれた。

「RE：Fashion」とは見慣れない字面だが、"RE" はリサイクル、リユースの「リ」。「再び」「新たに」「繰り返し」の意味を与える「リ」である。

インターネット時代において、ファッション・システムを新たに組み換え、ファッションに対する態度や考え方を見つめなおし、新しいファッションのあり方を再提案しよう、というニュアンスが込められている。

主要な賞を受賞したのは、一九九七年からラグジュアリー製品の試作品やハギレを巧みにリサイクルして新しい服を生み出しているフロム・サムウェアや、処分される予定の羊を救い、その羊からとったウールでニットウエアをつくるイジー・レイン、また、人道的に生産される宝石だけを使った「ラグジュアリー・エシカル・ジュエリー」をうたうブランド、フィフィ・ビジュー、オーガニックコットンと天然ゴムを使用するスニーカーのメーカー、ヴェジャなど。

どれも辛気臭さや説教臭さはかけらもなく、どこか新時代のラグジュアリーといった余裕の雰囲気をたたえるあたりに、「今」を感じさせる。

大御所デザイナー、有名モデルも参加してメディアを巻き込んだこのエシカル・ファッション授賞式において、エコ&エシカルが巨大トレンドとして定着する動きは、決定的となった。

かくして、ファッションの世界はグリーン一色となった。当初は、そこはかとなくペンキ塗りたて感が漂うグリーンにも見えたのだが、はげ落ちる気配もなく、広く世界中で定着する気配を見せている。

責任と持続可能性

　前述のラグジュアリー会議は、二〇〇九年三月には、インドのニューデリーで開催された。期待を寄せられていたＢＲＩＣｓ（ブラジル、ロシア、インド、中国）の経済の勢いも失速するなか、会議のテーマは「責任あるラグジュアリー（responsible luxury）」および「持続可能なラグジュアリー（sustainable luxury）」である。

　原材料がどこから来て、誰がどんな労働条件でつくっているのか。処分される余剰商品はどこへ行くのか。モードを提供する側が、そのすべての過程に一貫した哲学をもって関わることで、地球環境に対して責任をもつこと。

　それが「責任あるラグジュアリー」の考え方である。早くからこの態度をアピールして成功したデザイナーに、前述のステラ・マッカートニーがいる。

　もう一つの「持続可能なラグジュアリー」に関しては、ただ流行語のサスティナブル（持続可能な）に便乗しただけではないのかという気もするが、あらためてよく考えてみると、かつてのラグジュアリー・ブランドが本来、重視してきた価値は、もともと、持続可能性であったことに気づく。

タイムレスであること。先代から受け継いだ知識を次世代まで伝えること。エルメスのケリーバッグなどがそうであった。この観点からいえば、日本の着物やインドのサリーだって持続可能なラグジュアリーを象徴する服である。美しさはタイムレスで、職人の専門的技術も、着用に関する知識も、代々、受け継がれていく。

さらに、稀少《きしょう》な自然の資源の保護に努めることも、持続可能なラグジュアリーの課題として挙げられる。

レアな動物の毛皮や皮革や羊毛は、究極のラグジュアリー製品の原材料ともなるのだから。

毛皮をめぐる攻防

一つの行為の意味や是非は、ことば次第でいかようにも変わりうる。

たとえば、毛皮をまとうこと。

ラグジュアリーなファッションには不可欠であり続けてきた毛皮。倫理的であることが至上命令とされる時代にあって、これを着ることは、はたしていいのか悪いのか？

動物愛護団体、とりわけ過激なことでも知られるＰＥＴＡ（People for the Ethical Treatment of Animals）の論理は、明快である。

「たかが人間の虚栄のために、生後何ヵ月もしない赤ちゃんのミンクから毛皮をはぎ取るなんて、人間のエゴまるだしの残虐きわまりない行為である！」

毛皮反対キャンペーンは、攻撃的である。毛皮をはぎ取られた血まみれのキツネをモデルに掲げさせ、「ここに毛皮のコートの残りがあります」とコピーをつけた写真広告を出したり（この写真広告のインパクトも相当なものなのだが）、著名なモデルや女優がヌードになって「毛皮を着るくらいなら裸のほうがまし」というキャンペーンをおこなったり（そのなかの一人、ナオミ・キャンベルはその後また毛皮を着て現れたが）。

毛皮に小麦粉爆弾やケチャップをぶつけられるセレブリティは毎シーズン、数知れず、毛皮を着る側はよほどの覚悟と警戒をしなくてはならない。

二〇〇八年冬には、イタリアのファッション・ブランド、トッズの広告でファー、オストリッチなどを着用した女優グウィネス・パルトロウが、PETAから非難された。エコ・コンシャスなセレブリティとして知られるパルトロウであるから、糾弾もひときわ厳しくなる。

それに対し、パルトロウは、即、釈明の声明を出した――「スタイリストが私の肩にストールをかけました。それにあまり注意を払わなかったのですが、毛皮だと気がついたとき、ニセモノだと思ったの」。

どこにも角が立たない言い訳を考えるのも、セレブの仕事である。

「ファーはエコロジカル」という主張

一方、デザイナーや毛皮業界側の言い分はまったく異なる。

毛皮は天然素材であり、何代にもわたり長く何度も着用ができてリサイクル可能、しかも何の汚染物質も出さず、最後は土に還《かえ》るという点で、かぎりなく地球環境にやさしい素材である、という論理である。

リサイクル、サスティナブル、オーガニック……エコロジカルな条件に必須のキーワードがすべて揃《そろ》う。ファーはエコ。それがデザイナー側の主張である。

とはいえ、やはり毛皮の生々しさを緩和するためかどうか、総毛皮にしても、ニッティング加工などがほどこされた、一見、本物ファーらしくないファーがトレンドの先端をいく。ニッティングとは、網状の生地に細かく切った毛皮を編み込んでいく加工法で、二〇〇六年にルイ・ヴィトンがこの手法で仕上げたコートを発表して、話題になった。

日本人デザイナー、今井千恵が展開する高級毛皮ブランド、ロイヤル・チエも、エコ・ファーという視点を強く打ち出す。二〇〇八～〇九年秋冬コレクションとして、「エコハーモニー」を発表した。ポリエステルと毛皮の「ハーモニー」、つまりポリエステル素材とミックスしたミンクのボレロやチンチラのケープなどである。

このポリエステルが、ただのポリエステルではない。日本の繊維メーカー、帝人がつくる「エコレクタス」という、再生ポリエステル繊維である。ハスの葉の構造と同じ「呼吸する」構造の繊維で、撥水性《はっすいせい》をもち、しなやかで美しいので毛皮との相性もよい。

毛皮だけでエコ・ファーと呼ぶのは心もとないが、エコロジカル繊維の性質に補強されれば堂々エコ・フレンドリーと主張できる……という印象がかすかにしなくもないが。ともあれ、エコ&エシカル旋風が吹き荒れるなか、ロイヤル・チエの毛皮は「エコ・ファー」として認知されることになったのである。エコという錦《にしき》の御旗《みはた》があれば、着用するセレブにとっても、罪悪感を払拭《ふっしょく》して安心感を与えてくれる効果があるかもしれない。

毛皮をめぐる攻防はこれからも続くであろう。やがて私たちが土に還ったあともなお。

倫理ブーム誕生の背景

エコ&エシカルなブームはなぜ起こったのだろう?

思えば「エシカル」ということばがささやかれ始めた前夜、二〇〇四年前後は、ヨーロッパは、短いサイクルで世に出ては次のシーズンに気軽に捨てられる、安価なファスト・ファッションの全盛期でもあった。安くてトレンディで、シーズンごとにどんどん買って、飽きれば気軽に捨てられる。そんなお手軽なファスト・ファッションが、市場を席巻していた。日本ではその五年後にブームが訪れているが、二〇〇四年当時、ファスト・ファッション全盛期のヨーロッパでは、その業態に対する告発記事も多く見られた。

例外も多々あろうが、多くの場合、安価なのは、非人道的な条件下での労働を強いられている人々の犠牲があるから。次々とトレンディなデザインが生まれるのは、デザイナーが苦労して生み出したランウェイ（コレクションが発表される花道）の作品を、安易にコピーしたりしているから。

貧困に苦しむ人に不公平な労働を強制し、模造品やパクリのデザインが平気で横行し、熟練職人が技能を発揮する機会を失うことで文化や伝統が失われていき、安い原材料に残る化学成分や有毒物質が健康を害し、大量生産と迅速な流通のためにエネルギーを浪費し、流行遅れ品の大量廃棄でゴミを増やし……こんなサイクルがいつまでも続くわけがない。

倫理、という声が上がり始めたのは、こうした事態の異常さが、ぽつぽつと指摘され始めたこととも無関係ではないかもしれない。

常軌を逸したファッション消費のサイクルが疑問視され始めたころ、たたみかけるように『不都合な真実』や『ブラッド・ダイヤモンド』で流通経路が明らかにされ、ボノやジヨージ・クルーニー、ダリル・ハンナといった「倫理的セレブリティ」のアピールが続々加わり、それをセレブ報道に飢えるメディアがニュースとして盛んに取り上げ、ついに高級モード誌もおしゃれなエコ&エシカル特集を組むにいたる。ここへきて、「良心的に振る舞うことがクール」と思い込む消費者を大量に生み出すファッション現象が誕生した。

アニヤ・ハインドマーチのエコバッグをめぐる狂騒は、世界中の都市部で起きた。オーガニックコットン製で、一個約二〇〇〇円、二万個限定のバッグを、「良心的な消費者」は前夜から長い行列をつくって待った。一時間もたたないうちにバッグは完売、その日のうちにインターネット上で四〇倍の価格がつけられ、売買された。

その行為がはたして良心的なのかどうかは、まったく問われることなく。

よき循環をめざして

エコ&エシカルへ向かう流れは、ファッション現象であるだけでなく、より大きな社会全体の動きでもあり、ときには政治的に、真剣に誠実に取り組まれている問題でもある。

貧困に苦しむ人々にフェアな労働の機会を与え、模造品やパクリ商品を断固拒否し、職人に熟練技術を発揮させることで文化を継承し、化学成分の心配のない原材料を使い、エネルギー消費とゴミの量を最小限に抑える。「エシカル・ファッション」がめざすべき最低限の理想だが、はたして実現可能なのか？

この理想に近いサイクルをめざして奮闘する「エコ・ヴィジョナリー（環境系啓蒙活動家）」の一人に、英国のチャールズ皇太子がいる。

二十数年前、まだ世界がバブルに沸いていたころ、皇太子は自らのカントリーハウス、ハイグローヴにおいて、有機農業に取り組み始めた。

そのころの報道を鮮明に覚えている。メディアは彼を変人呼ばわりしていたのである。しかし、いまになって、チャールズ皇太子が時代の先を見据えていたことがわかる。

一九九〇年にスタートした皇太子の食品ブランド、ダッチーオリジナルはいまや二〇〇種類以上の製品を提供し、多大な利益を生み出している。しかも純利益はすべて皇太子の慈善財団に回る。

さらに、皇太子の慈善財団は二〇〇七年、トラディショナル・アーツ社を設立した。装飾性の高い、最高品質のアーツ&クラフツ製品を製作し、販売する会社である。

製作するのは、「皇太子の伝統芸術学校」で学んだ卒業生である。学生に伝統技術を教え、卒業生はそのまま自分の会社での製作の仕事を得るわけである。利益はすべて、皇太子の慈善財団に寄付される。

このトラディショナル・アーツ社の試みがまた、贅沢なのだ。美しい陶器やカトラリーなども手がけているが、特筆すべきは、「世界にただ一つ」が欲しい顧客のための、超一流ブランドとのコラボレーションである。

ショパールとのジュエリーのコラボ、ロールス・ロイスとのコラボまでやっている。広報担当者によれば、顧客はイエメンの人で、一人で異なるデザインのものを四台つくったそうである。ラジエーターグリルに伝統アートがほどこされている、世界にただ一台のロールス・ロイス。究極の贅沢である。

ラグジュアリーを生むアート、アートを売る会社、そこで仕事をする職人、職人を育てる教育機関、教育機関を支える慈善財団、そして慈善財団を成り立たせるオーガニックな農業。それらすべてが、スムーズに循環する。二一世紀の需要にかなう、持続可能な「よき循環（virtuous circle）」の一例ともみえる。

　とはいえ、このようなエコ&エシカルなラグジュアリーは、富裕な特権階級であるからこそ追求できる理想でもある。不況期にあって、くもりなき倫理にのっとったパトロンとして行動できるということは、ノーブレス・オブリージュ（高貴なる立場にある者の義務）であるとともに、贅沢でもあるように感じられる。

　経済状況が厳しいなかでの多くのリセッショニスタの行動は、矛盾に満ちたものにならざるをえない。二一世紀のモードのテーマとなった「倫理の物語」を「夢」の一つとして消費しながらも、早いサイクルで提供される大量生産の安価なファスト・ファッションを嬉々《きき》として手に取っている。それを生産するためのスウェット・レイバー問題（労働者を酷使する工場の問題）や、大量に処分される余剰品のゴミ問題などには片目をつぶりながら。

第二章　「失わない」ための服装術

衣服をはぎとられたら、人はどの程度、社会的な立
場を保っていられるだろうか。
(ヘンリー・デイヴィッド・ソロー、1817-1862)

It is an interesting question how far men would
retain their relative rank if they were
divested of their clothes.
—Henry David Thoreau

ファッショナブルではなく、プロフェッショナルに

二〇〇八年秋以降の深刻な世界的金融不安で、先進国のなかでも最悪の打撃を受けていると発表されたイギリスであるが、その中央銀行であるバンク・オブ・イングランド（一六九四年設立）が、二〇〇九年一月末、被雇用者を集め、セミナーをおこなった。テーマは、金融危機に関するものではない。「成功のための服装術（Dress for Success）」である。

関係者から漏れた、セミナー内容のメモが、たちまち各紙をにぎわせる。
「ファッショナブルではなく、プロフェッショナルに見せるように。香水には注意。常にヒールのある靴をはくこと。五センチ以下が好ましい。必ずメイクアップをすること。せめて口紅だけでもつけるように」

イメージコンサルタント会社に依頼しておこなわれたこのセミナーでの服装術指南の対象は、主に女性のようである。助言は続く。

「靴とスカートは同色でなければならない。アンクルチェーン（足首にかける飾り）は厳禁。プロフェッショナルといっても、特殊な専門職への連想を招いてはならない。白いハイヒール、中身を詰め込みすぎたバッグ、指輪のつけすぎ、同じ耳に二つ以上のピアスなどは論外」

これに対し、各界から批判の声が殺到する。

ある新聞記者は、「ＩＭＦが英国経済は先進国のなかで最悪の打撃を受けていると発表したばかりなのに、しかも、ダボスでは世界中のリーダーが集って世界恐慌にどう対処するかを考えている最中だというのに、英国の中央銀行が口紅だのハイヒールだのに関心を向けているなんて、茶番である」。

ある弁護士からは、こんな声――「女性差別である。女性が服装によって能力を判断されているとするならば、男性の被雇用者とは異なる扱いを受けているということになるではないか」。

そしてファッション界からも――「靴とスカートが同色でなくてはならないなんて、いつの時代の話だ？　アンクルチェーンや白いハイヒールはわざわざ禁じるまでもなく、そもそも重要なビジネスの場にそんなアイテムを持ち込んでくる女性がいるとは思えない」。などなど、バンク・オブ・イングランドに対する日ごろの不満をぶつける絶好のチャンスとばかり、世論は容赦なく、苦言を浴びせた。公金を扱う銀行が、よりによって他に重要課題が山積する時期に、女性の服装に関心を注ぐというその態度自体に。あるいは、公の機関が、性差別と受け取られかねない行動を起こしたこと自体に。またあるいは、指南される服装術の内容そのものに。

なぜ、いまパワードレッシングなのか？

企業が率先して「成功のための服装術」を説くという流れは、実は、世界恐慌の兆候が具体的に現れ始めてきた二〇〇八年秋ごろから顕著になっていた。

たとえば英国の会計事務所アーンスト&ヤングは一一月、女性被雇用者およそ四〇〇人に対し、服装術の指導をしたことで「時代錯誤的で、性差別ではないか」と物議をかもしていたのである。

「ビジネス戦略の一つ」として指導された内容は、「強い香水を避けること」「胸元の開いたトップスを着用しないこと」「昼間の会議にイブニング・バッグを持っていかないこと」など。なんだか当然のマナーのようにも思えることばかりだが、専門職の女性に対して、あえてそこまではっきりと言わねばならないほど、カジュアル化が進みすぎていたのかもしれない。

それにしても。

世界が先の見えない不況で苦しむこの時期に、「成功のための服装術」が問題になり始めたとは、どういうことだろう？

解決すべき重要な課題が山積する時代に服装のことを考えるのは、ほんとうにばかげていることなのか？

女性に「専門職にふさわしい」ドレスコードを説くことは、性差別になるのか？

そして、現代において「成功」するために何らかの服装術が必要とされるとするならば、具体的にどのようなものなのか？

好況と不況、「成功」の定義の切ない違い

「成功のための服装術」という概念と、「パワードレッシング」ということばが頻繁に語られたのはほぼ同時期、一九七〇年代後半から八〇年代にかけてである。

一九七五年、ジョン・T・モロイが『成功のための服装術』というタイトルの本を、七七年には『成功のための女性の服装術』も出版した。後者は、日本でも『キャリア・ウーマンの服装学』（犬養智子訳）というタイトルで紹介されて話題になった。

続いて一九七九年九月、ニューヨークのポスト・スタンダード紙が、はじめて「パワードレッシング」ということばを用いる――「（トレンドは）過去何シーズンか続いたカジュアルルックから、グラマー（くらくらさせる魅力）のあるパワードレッシングに移行している」。

アメリカのテレビ番組『ダイナスティ』や『ダラス』のキャストが着たような、肩パッドをつけウエストを絞ったスタイルが流行し、重力に逆らって逆毛を立てたボリュームの

あるヘアを女性たちは模倣した。マーガレット・サッチャーが政治・経済界のパワーウーマンのお手本となり、ダイアナ妃がファッション界の「グラマーのあるパワーウーマン」のアイコンとなった。

日本でも、時代のムードに乗り遅れたくない女性たちは、肩パッドを入れてウエストを絞ったボディ・コンシャスなスタイルに走り、前髪を重力に逆らってトサカのように攻撃的に立てていた。

男性も例外ではなかった。映画『ウォール街』でマイケル・ダグラスが着た、権力と経済力と欲望と野心をわかりやすく誇示するような、ぎらぎらとしたスーツスタイルが、当時の一般の男性ファッションにも影響を及ぼしていた。

世界が好景気に沸き、楽観的な気分が漂っていた。そんな時代の勢いに乗り、欲しいものをすべて手に入れよう、階段をどんどん昇っていこう、というのが当時の「成功」であり、その野望や欲望にふさわしい自分であることを強く積極的に主張してよし、というのが当時の「パワードレッシング」であったように思う。

景気がトーンダウンした一九九〇年代には、肩をいからせた欲望むき出しのスタイルが嘲笑《ちょうしょう》の対象となりはて、そのスタイルのイメージと結びついた「成功のための服装術」「パワードレッシング」ということばそのものにも、気恥ずかしさがつきまとうようになっていた。

二〇〇九年には八〇年代ブームが起こり、奇しくもこの年に八〇年代の大スター、マイケル・ジャクソンが急逝したことも重なって、いからせた肩や『ダイナスティ』風ドレス、軍服風ジャケットなど、八〇年代を連想させるファッションが復活したが、不況のどん底で「あえてコレなの」というポーズとともに再現される八〇年代スタイルには、もはや時代を動かすパワーはなかった。

「失わないことが成功」である現代のパワードレッシングは、このことばの誕生した時代とは、同じ方向を向いてはいない。

少なくとも、出世の階段を昇ったりするための服装術ではない（もう昇る階段も見当たりそうにない）。シリアスなイメージ、信用に足るプロフェッショナルな印象をアピールするための服装術である。バンク・オブ・イングランドやアーンスト&ヤングが説くのがまさしくこの方向である。どうやら、信頼に足る印象を与えることで、仕事を失わない、あるいは顧客をつなぎとめておく、ということが不況期における「成功」と解釈できる。この場合、成功とはすなわち、「これ以上は失わない」ことであろう。

アメリカにおいては、リーマンショック直後の二〇〇八年一一月、ニューヨーク・タイムズ紙が「面接スーツの復活」という記事を掲載した。職を求める人がかつてないほど増えるなか、面接用のスーツの売り上げが予想以上に伸びているという内容で、具体的に何をどう着れば就職に結びつくのか、という助言までなされるあたり、切実さが伝わってくる。

「黒はフケやグレイヘアが目立つので、女性は避けるべき」「グレイ、ネイビーといった基本色ばかりのなかで面接官に覚えてもらうためには、色を使うのがよい。アクセサリーなどに使うのがお勧め」といった識者のコメントの数々の最後に、「ヒールの靴」を持参すること、というアドバイスがあった。靴が汚れないよう、面接の直前にはき替えることを勧められる。「正しいヒールの靴は、仕事を獲得するのを助けてくれる」と。

モード界においても、社会のそんなまじめ・保守志向のムードを受けて、テイラードジャケットを提案するデザイナーが増えた。

ステラ・マッカートニー、アントニオ・ベラルディなど、もともと男性のお仕立てスーツの聖地、サヴィル・ロウでテイラリングを学んだデザイナーの人気が上昇したのはもちろんのこと、これまでテイラリングの印象が薄かったデザイナーも、テイラードと無縁ではいられなくなったようだ。

モード感とリアリティを両立させたデザイナーウエアを提供することで人気の高いフィリップ・リムは、フリルをつけたテイラードジャケットを発表、毎シーズン「イット・バッグ」やシュールすれすれの独創性で話題をふりまいてきたマーク・ジェイコブズまでもが、「イット・ジャケット」と呼びたくなるような、徹底的に細部に凝ったテイラードジャケットを出した。英『ヴォーグ』誌はこれを「トロフィー・ジャケット」と呼び、大衆向けチェーンのトップショップなどもきらきらの飾りをつけたジャケットを「トロフィー・ジャケット」として販売している。

フリルつきテイラードやきらきらつきトロフィー・ジャケットがはたして「信頼の印象」と結びつくのかどうかはともかく、ついこの間まで仕事の場面でもフォークロア調ワンピースを着ていた女性がテイラードジャケットに走り始めたことは注目すべき現象かも

2010年秋冬、堅実な印象のテイラードの提案が増加。マーク・ジェイコブズも。

しれない。

さらに二〇一〇年秋冬には、ボッテガ・ヴェネタ、グッチ、プラダ、マーク・ジェイコブズなどが上下揃いのテイラードスーツ（スカート版もパンツ版も）を提案し、テイラード流行にいっそう加速がかかる。

思えば、女性のテイラードスーツが、はじめて本格的に流行したのは、大恐慌時代の一九三〇年代であった。男性用スーツの仕立て技術と生地を応用した、ジャケットと膝《ひざ》の隠れるタイトスカートという女性用テイラードスーツが、仕事着として普及し始めるのである。当時のテイラードスタイルの普及と、現在のテイラードジャケットの流行には、通底する気分を読み取りたくなる。

ＩＴ業界の寵児《ちょうじ》、ネクタイを結ぶ

シリアスであることをアピールするアイテムはテイラードジャケットばかりではない。メンズの分野では、ネクタイの「復活」が目に留まる。

そもそも、ついこの間まで、ネクタイはもはや男性の必需品ではなく、今後はほそぼそと選択肢の一つとして存在を保っていくだけなのではないか……という目で見られ始めていた。

ニューヨークには長らく、通称「ネクタイ協会」というものがあり（正式名は「メンズ・ドレス・ファーニシングズ・アソシエーション＝Men's Dress Furnishings Association」、頭文字をとりＭＤＦＡ）、ファーニシングズ（装身具）に関するアメリカ男性の意識を高めるＰＲ活動をおこなってきた。

しかし、二〇〇八年六月、この組織は六〇年間にわたる歴史の幕を閉じたのである。原因は「男がネクタイをしなくなったから」だという。ネクタイを着用するのは、会計士、弁護士などかぎられた職種の男性のみになっていたのである。ネクタイはこのまま「選択肢の一部」として落ち着く……と誰もが思っていた。

ところが。二〇〇九年一月、ダボスでおこなわれた世界経済フォーラムで、流れを変えるのではないか？　と話題になった、一人の若い男性のネクタイ姿があった。

アメリカのソーシャル・ネットワーク・サービス「フェイスブック」の創設者、二四歳（当時）にして億万長者の、マーク・ザッカーバーグである。

ジーンズをはいていたが、首もとにはしっかりと結ばれたネクタイがあった。これについてたずねられたザッカーバーグの答えは、次のように報じられた――「ネクタイは復活している。いまはシリアスにならなくてはいけない時期だからね。だから昔のスクールタイの箱をあさって、いまでも着用できるものを探したんだ」（英テレグラフ紙）。

タイレスで通せるIT業界で、タイレスで富とステイタスを築き上げたザッカーバーグが、経済界のエリートが集う場で、あえてのネクタイ着用。

彼にとって、タイは「復活」というよりもむしろ、これまでにないまじめさ、真剣さをもって経済問題に取り組みたいという姿勢表明のための、まったく新しい「まじめさのアイコン」だった。

いずれにせよ、「カジュアルフライデー」の記憶は、バブリーな時代の記憶と結びつき、遠い彼方へと追いやられつつある。

ロンドンのサヴィル・ロウでは、二〇〇九年二月にはいって、E・トーツというテイラーが復活した。ウィンストン・チャーチルやエドワード七世の高級スーツをつくっていた老舗であるが、一九七〇年代に破産していた。いわば幻のテイラーの復活である。この店がつくる一着三〇〇〇ポンドのスーツが、再び世に登場したのである。

不思議にも見えるこの現象を、英『GQ』誌は解説する――「ビジネスマンに関していえば、雇いたいと思われるような人間に見えなくてはならないというプレッシャーが増えたのです」。

有能でさえあれば、何を着ていても雇ってもらえた平和な時代は終わった。競争率の高い、限られた職を得るために、あるいはいまの職場からリストラされないために、少しでもスマートでプロフェッショナルな印象を与えるべく、高価なお仕立てスーツに投資することが有効だと考える人が増えたわけである。

メンズファッションがもっとも華やぎ、完成度を高めていった時代が、やはり一九三〇年代であったことを思い出す。だらしなさは追いやって服装を万全に整え、シリアスに問題に対処しよう――男性の誇り高きドレスアップスタイルに、そんな意気込みを読み取りたくなる。

口紅は、セックスアピールではなく、信頼感のアピール

現在の男性のタイに相当する女性アイテムが何かあるとすれば、それこそ、「口紅とヒールのある靴」ではないかと思う。

話は、バンク・オブ・イングランドの服装指南に戻る。

「口紅をつけ、ヒールのある靴をはけ」という指示が、女性差別であるという非難を浴びたことはすでに紹介した。

はたしてそうなのだろうか。

女性の社会的地位がまさに上昇の途上にあった一九七〇年代ならば、「口紅をつけ、ヒ

ールのある靴をはけ」という指示は、性差別として糾弾されるべきであったかもしれない。

しかし、男性と女性がほぼ同条件で雇用されている現代のような場合、口紅をつけ、ヒールのある靴をはくことは、成熟した女性であることを正しく伝えることでもあり、一人の女性としてきちんと立っているという姿勢を示すことは、見る人に信頼を抱かせることにもつながるのではないか。

少なくとも私は、かかとのすり減ったぺたんこ靴をはき、ノーメイクの青白い顔をした専門職の女性に会うと、偏見の目で見てはいけないと自戒しながらも、正直な反応として「いったい、この人に仕事を任せて大丈夫なんだろうか？」と不安になってしまう。

人は、「口紅＆ヒール」の女性には、口紅の色が過剰だったりヒールが奇抜であったりしないかぎり、性的アピールとはまったく別次元の、頼れる大人の女性としてのアピールを感じ取るのではないか。きりりとネクタイを結んだ男性を反射的に信用しがちであるのと同じように、きちんと「口紅＆ヒール」の女性には、安心感を覚えるのではないかと思う。

世界二七都市のネットワークを有する国際的法律事務所、フレッシュフィールズ・ブルックハウス・デリンガー（一七四三年ロンドンで創設）もまた、女性被雇用者に対し、服装術を指南した大組織の一つである。二〇〇八年一二月、フレッシュフィールズは、プロフェッショナルな印象を与える方法として、「トラウザーズ（長ズボン）ではなく、ハイヒールとスカートで装い、女性らしさをいつくしみなさい」と説いた。

もちろん、「女性らしさをいつくしむ（embrace femininity）」ことは、セックスアピールをふりまくこととはまったく種類の違う行動である。これを混同せずに正確に表現できることはすなわち高いコミュニケーション能力を有していることの証《あかし》でもあり、そんな能力のある女性には自然と、信頼感も備わってくるのであろう。

思えば、女性が、男性と同等に扱われるために女性らしさを打ち消そうとしていた時代から、なんと遠くへ来てしまったことか。

女性が「男性と同等に」パワーを発揮するには、男性のまねをするのではなく、女性らしさを受け入れ、いつくしむ術《すべ》を心得たうえで、その成熟と責任感を表現する。それが女性の権威と信頼感につながる。そんな時代になった。

上院議員にふさわしい髪

不況と口紅という結びつきから連想したのは、口紅指標（Lipstick Indicator）ということばである。化粧品のエスティ・ローダー社が売り上げ実績から導き出した、景気の変動に先だって動く指標のことである。

不況の始まり、またはその真っ只中には、口紅の売れ行きが増加するという。これまでは、この先行指標を、贅沢ができないときに、ほどほどの満足を与えてくれる贅沢品として口紅の売れ行きが上昇する結果であると解釈していた。三万円のカシミアニットが買えないときに、三〇〇〇円の口紅で「散財」してストレスを発散する人が増える結果、口紅の売れ行きが相対的に増加する、というように。

しかし、どうやら「仕事を失わないため」の口紅が、いわば不況期のパワーメイクとしての需要をもたらすことも、十分、考えられるわけである。

口紅だけでいいのかといえば、そういうわけでもない。口紅を含むメイクアップ、および髪や肌・爪などの表層全体を整えるグルーミングに関して、無関心であることが許されない空気が、不況期に入って、とみに濃くなっている。

それをはっきりと感じたのが、キャロライン・ケネディの事例である。

キャロラインの父は、ジョン・F・ケネディ、母はスタイルアイコンとしてファッション史にも名を残すジャクリーヌ（ジャッキー）である。

二〇〇八年末から二〇〇九年一月にかけて、当時五一歳だったキャロラインは、空席となったニューヨーク州の上院議員の候補としてメディアに取り上げられるようになった。なんといってもキャロラインは「アメリカの皇室」にも喩《たと》えられるケネディ家の一員、たぶん上院議員になるんだろうなと漠然と思っていた。

しかし、彼女は辞退した。理由ははっきりとは明かされなかった。多くの人が残念に思っているのではないか、と想像していたのだが、二月、英フィナンシャル・タイムズ紙の記事を見て驚いた。彼女の辞退に、多くのニューヨーカーが安堵《あんど》している、と報じられたのである。

キャロラインがメディアに露出し続けた二、三ヵ月ほどの間、巷間《こうかん》でもっとも熱く議論されたことは、彼女の政治的適性よりもむしろ、髪の問題だったという。五一歳だから当然、グレイヘア対策として髪を染めているはずだが、その色がどうも、美容院で染めた艶《つや》やかなものではなく、自分の家で適当に染めたような中途半端な色としてニューヨーク市民の目に映っていたようなのだ。

キャロラインの母はジャッキー・ケネディ。育ちの良い飾らない外見の魅力は、政治家としてのアピール不足？

「ニューヨーク・タイムズ・シティ・ルーム」のあるブロガーはここまで書く――。「グルーミングにとりつかれたこの時代においては、キャロライン・ケネディの髪は、少なくとも、上院議員の職にまったくふさわしくない」

ショッキングなほどの断言に驚き、あらためてキャロライン・ケネディの写真を何枚か眺める。

誠実で賢そうで、落ち着きのある品のいい美人である。ただ、肌のシワやくすみなどはあまり気にしない方のようで、メイクも手早く済ませたという印象である。

正論をいえば、政治家に求められるのは、一にも二にも政治的力量であって、見た目なんて、本来、どうでもいい話のはずである。

しかし、「どう見せたいのか、わからない」中途半端な顔で人前に出るような人間においては、政治的な意図を細部にいたるまで強く貫く覚悟があるのかどうか、ということまでいぶかしく見せてしまったようである。グルーミングの基準が世界でも最高レベルとして知られるニューヨーカーは、ヘアやメイクに無頓着な政治家を、自分たちの代表として上院へ送ることはふさわしくない、と考えたようだ。

くだらない発想だと思う一方、本能的に正直な反応なのかもしれないな、とも感じる。

実際、グルーミングということばをつくるgroomという動詞には、「政界への出馬に備える」という意味もあると、英語辞書の権威である『オクスフォード・イングリッシュ・ディクショナリ』に記される。社会的影響力の高い地位に立とうとする人は、まずは正しいグルーミングから始めなくてはならないのだ。

紳士クラブにふさわしい容貌《ようぼう》をつくるグルーミング

化粧をほどこすというレベルまでいかなくても、男性はグルーミングで容貌を整えることで社会へのパスポートを手にしてきたという歴史的経緯がある。

メンズグルーミングの主要な老舗ブランドの多くは、ロンドンの、しかも、セント・ジェイムズ界隈に集中する。

なぜか？

そこにジェントルメンズ・クラブがあるからである。セント・ジェイムズ地区は、別名、クラブランドと呼ばれる、会員制のクラブが集中する場所なのである。一八世紀末あたりから、政治的な会合の場として、あるいは「第二の家庭」として、英国紳士の「居場所」であり続けてきた。

閉鎖的なクラブのメンバーになるために必要な資格はといえば、必ずしも家柄や財産ばかりではなく、たとえば初期の代表的な排他的クラブ、オールマックスを例にとっていいえば、美しさや才能に加え、「時代の先端をいく雰囲気」が必要であり、会員になるには、会員全員の賛同を得なくてはならなかった。

このオールマックスがセント・ジェイムズにオープンするのが一七六五年、辞書編纂《へんさん》で名高いサミュエル・ジョンソンが「クラブにふさわしくない(unclubbable)」という形容詞をはじめて用いたのが一七六四年、その後、立て続けにジェントルメンズ・クラブが創立されるのだが、まさにこのころが老舗グルーミングブランドのラッシュと重なるのである。

フレグランスのクリードが一七六〇年、ブラシの製造からスタートしたG・B・ケントが一七七七年、薬局系のD・R・ハリスが一七九〇年、世界最古の理髪店ことトルウフィット&ヒルが一八〇五年……。

第二の家庭としてクラブを利用する紳士たちが、仕事前、社交前にひょいと立ち寄ることができる理髪店や薬局。そんな場所が、公的な情報から私的なゴシップにいたるまでのさまざまな情報が飛び交う場であったことは、想像に難くない。

実際、ダンディの祖、ボー・ブランメルことジョージ・ブライアン・ブランメルは、フローリス（創業一七三〇年、理髪店兼櫛《くし》メーカーとしてスタートした香水商）の店主と、しばし、長々と香水談議を交わしたという（フローリスのホームページ参照）。

オールマックスはじめ主要なクラブで「趣味の裁定者」として君臨するブランメルのお気に入りの製品が「正しいフレグランス」および「正しいグルーミング用品」としてクラブの入会希望者の選考基準に影響を与えたことは、十分に考えられる。ジェントルメンズ・クラブと、高級メンズグルーミングブランドは手を携えて発展していったとみなしていいように思う。

クラブにふさわしい（clubbable）容貌をつくるグルーミングは、ジェントルマン社会へのパスポートであったのだ。

いったん、クラブにふさわしい容貌がパスポートということになれば、それをつくることが、暗黙の社会的圧力にもなっていく。クラブ社会、すなわち同じような価値基準を共有する社会に受け入れられたいと望む者は、成員同士、互いを鏡として、同じようなグルーミング製品を用い、次第に似たような外観を獲得していく。

アイデンティティ供給不足時代のグルーミングブーム

グルーミングや化粧をおざなりにできなくなっているのは、政治家ばかりではない。一般の人々の間においても、その重要性が日々高まっているように見える。日本においても、二一世紀にはいって「美容」や「メイク」を専門に扱う雑誌は急速に増え、化粧年齢層の幅は著しく広がり、不況期にあってもデパートのコスメ売り場には客足が絶えない。男性用のグルーミング機器や基礎化粧品も続々と発売されている。

人が時代や社会とともにあることを表すのは、服もさることながら、まずは何よりも「顔」なのだ。グルーミングとメイクで、「今」の容貌、同じソサエティやグループに受け入れられる容貌をつくり込む。そんな必要が、かつてないほど高まっている。心の中の不安の大きさに比例するかのように。「素」の私の顔では、十分ではない。社会が認めた基準に近づけるような加工を自分の顔にほどこすことで、はじめて「私になれた私」として人前に出ていける……。

かつてグルーミングは、「政界への出馬に備える」ことをはじめ、何らかのキャリアに備えておこなうものであった。少なくとも、イギリス紳士のクラブとともに発達した男性のグルーミングは、そのような上昇志向に支えられていた。グルーミングで磨き上げ整えられた肌や髪は、心の中の大きな野望の反映でもあった。

しかし、現在では、グルーミングは「失わない」ための活動になっている。職場から、ソサエティから、グループから、ドロップアウトしないために、私たちは、他者の視線を気にしながら、肌や爪を手入れし、髪を整え、その延長として化粧をする。

その面倒な過程には、「失わない」ためのパワードレッシングとよく似た気分が流れている。

第三章　暴走資本主義が愛を蹴散らし、モードを殺す

着飾り過ぎは、ときに欲望の妨げになるものだ。
（オウィディウス、43B.C.-17A.D.）

Too rich a dress may sometimes check desire.
—Ovidius

倫理が、恋愛に代わる

　世界の各ファッション都市において春夏と秋冬シーズンに開催される「ファッション・ウィーク」（通称「コレクション」）においては、シーズンごとの新しいモードが、新しい夢物語とともに、提案される。好況に沸いていた二〇〇〇年代の前半には、春夏と秋冬の二シーズンでは飽き足らず、クルーズコレクションにプレコレクションなど、さらなるコレクションを出すための、新奇な「シーズン」が次々に創出されていった。ただひたすら、消費の回転を早くして、もっともっと売るために。資本主義が、明らかに暴走している感があった。

　その結果、奢侈品《しゃしひん》が飽和状態になり、情報も過剰となり、モードの創り手も受け手も、「新しさ」にはもはや魅力を感じることなく、何が新しいということなのかもわからなくなるなかで、疲弊していく一方だった。そのあとに続いた不況では、いや暴走資本主義そのものがもたらした世界不況といったほうがいいのかもしれないが、モードの最先端にいる倦《う》み疲れた人々が、倫理や環境の物語を唱え始め、人々はその倫理の物語を消費するようになっている。

倫理がモードを引っ張っていく。これは、長いファッション史のなかには見られない珍しい現象でもある。本来、モードを牽引《けんいん》してきたのは、恋愛のエネルギーだったのだから。しかも、どちらかといえばその恋愛は、「反倫理的」な恋愛であることが多かったのだ。

恋愛のエネルギーこそがモードを盛りたて、資本主義を発展させてきたのだった。

現在、倫理や環境の物語がファッション消費の起爆剤になっている背景には、たしかに、行きすぎた資本主義への反省や、それがもたらしたさまざまな弊害をなんとかしなくてはならないという高い意識の芽生えもあるにはあるだろう。

しかし、それだけだろうか？　かつてモードの要《かなめ》だった恋愛の物語は、いまどうなっているのか？　倫理の物語が恋愛の物語にとって代わった現状の背景には、ひょっとしたら、恋愛のエネルギーだけでは、もうファッション・ビジネスが成り立たなくなってきているという要素も考えられはしないだろうか。恋愛とセットになっていたはずのモードが、いつのまにか、恋愛ぬきで回り始めているということはないだろうか。

かつてモードの原動力だった恋愛のエネルギーは、いったい、いま、どこへいったのか。その影響の波をモードはかぶっているのか、いないのか。かぶっているとしたら、どうかぶっているのか。

恋愛とモードの関係の変化を追うにあたり、まずは過去がどのような状況であったのかを見ておきたい。

モードの原動力は、かつて違法恋愛であった

恋愛とモードの関係の起源を知るにあたり、まず参照すべきは、ドイツの経済学者、ヴェルナー・ゾンバルトが一九一二年に著した『恋愛と贅沢と資本主義』(金森誠也訳)であろう。およそ一〇〇年前に書かれた古典だが、大都市に不可欠な舞台装置となった劇場やレストランも、シーズンごとに変わるモードといった奢侈も、すべては恋愛、しかも非合法的な恋愛に対する欲望が生んだものであったと論じるのだ。

ゾンバルトの理論をかなり大雑把に紹介すると、次のようになる。

宮廷では、宮廷に仕える女性の愛と好意を得るためにパーティーが繰り広げられ、そのためにドレスや宝飾品といった贅沢品の需要が高まる（愛妾《あいしょう》経済の始まり）。贅沢品は主に海外で生産され、それを取り扱う商人がブルジョワジーとして台頭する。彼らは「新貴族」となり、大都市を形成し、資本主義を発達させていく。奢侈が一度発生すれば、それをより派手にして他人にぬきんでようという衝動が生まれる。そんな奢侈は、屋内的・即物的になり、感性化・繊細化し、時間的なテンポが加速されるという一般的な傾向を生む。

つまり、違法恋愛が贅沢を生み、贅沢の競い合いがシーズンごとに変わるモードを生み、資本主義の発展に寄与した。その担い手となるブルジョワジーは大都市を発達させ、そこにおいて贅沢と恋愛が手を携えた舞台装置として劇場やレストランが栄えていった、というわけである。

光り輝く小間物（bijoux）を売る店も、現金は受け取らないけれど貴金属の装飾品なら受け取るという恋人のために、紳士が買い物をする店として発展したという。モード、贅沢、都会的享楽の源には、恋愛、それもとりわけ非合法の恋愛があったのだ。

現在、私たちが享受している都市のエンターテインメント施設、くるくる変わるモード、おしゃれなインテリアやちょっとしたかわいい貴金属のアクセサリー。そんな「あたりまえ」にさえなった「奢侈」のそもそもの起源が違法恋愛にある、という視点は興味深い。

なるほどたしかに、現代の非合法カップル向けお出かけ情報誌（紹介される郊外の豪華な宿は、「他の客と顔を合わせることなく過ごせる」ことが良い点として挙げられている）の盛況などを見ていても、資本主義経済を回してきたのは、恋愛とセットになった贅沢であることがよくわかる。一〇〇年前のゾンバルトの理論の過程は、いまなお説得力をもつ。

ボディスは正しく引き裂かれてこそ

ゾンバルトに頼らずとも、服飾史を繙《ひもと》けば、ファッションの隠れた、ときに公然たる目的の一つに、誘惑があったことがすぐにわかる。

たとえば、中世から一九世紀の終わりごろまで、西洋の女性はコルセットでボディを締め上げ、ありとあらゆる複雑な構造の下着というか構築物（パニエ、クリノリン、バッスル）を装着して下半身を覆い隠し、その上に幾重にも布を重ねながら胸元は大胆に露出するという複雑なドレスで装ってきた。暑そうなのか寒そうなのか、隠したいのか見せたいのかよくわからない矛盾だらけのこのドレスは、拒みつつ誘い、欲望を遮りつつ導く、という強力な誘惑装置でもあった。

迷路のような構造の下にあるものにたどりつくというそのこと自体が男性にとっての（ときに女性にとっても）大きな喜びの一つであり、恋愛の、ひいては人生の、さらにいえば歴史を変える一大クライマックスであったことは、歴史ロマンス小説・映画のジャンルが俗に「ボディス・リッパー（bodice ripper）」とも呼ばれて愛好され続けていることからもうかがえる。

ボディス（コルセット状の下着）を引き裂く（リッパーは「ジャック・ザ・リッパー＝切り裂きジャック」の ripper）。その瞬間から、男女それぞれの人生が変わり、ドラマが生まれ、歴史がつくられていくのである。

ちなみに、ダイアナ妃の祖先でもあるデヴォンシャー公爵夫人の生涯を描いたボディス・リッパー映画『ある公爵夫人の生涯』では、初夜のシーンにおいて、レイフ・ファインズ演じる公爵が、新妻役キーラ・ナイトレイのボディスを冷静に淡々とはさみで切っていた。夫は妻に対し、そのボディスを引き裂くほどの情熱を抱けず、冷やかにはさみで切る。以後、この夫妻には絶望的なまでに不幸な結婚生活が待っているのであった……。

ナタリー・ポートマン、スカーレット・ヨハンソンという二大美女競演の『ブーリン家の姉妹』も、典型的なボディス・リッパー映画であり、それぞれのボディスの引き裂かれ方が彼女たちのその後の幸・不幸をはっきりと象徴していた。

誘惑に「正しく」成功するか否かは、女の一生の幸福を左右するほどの、あるいは一国の歴史を変えるほどの重大な事柄であり、ゆえに、真剣に取り組むに値する処世術ないし戦略ですらあったのだ、としみじみと思わされる。

「モテ服」という虚構

しかし、二一世紀の現在。本来、誘惑、ないし恋愛への欲望が原動力となって生まれたはずのモードから、恋愛の要素が抜け落ちたり、薄まってきたりしているように見受けられる。

シーズンごとのモード情報を押さえておく、そこから逸脱しすぎない装いをする、という振る舞いを認め、評価するのは、おうおうにして、男性ではなく女性となった。流行から遅れすぎていないバッグや靴、シーズンの気分を取り入れた装いは、異性を誘惑したり、恋愛を盛り上げたりするためというよりもむしろ、同性の視線から浮かないためのものになっているのだ。

ミシュランの星を誇るレストランや、豪華な劇場、雰囲気のいいバーやカフェといった、本来は恋愛の舞台であったはずの場所には、今シーズンのファッションをまとったこぎれいな女性たちが、それぞれに個性的だけれども似たような印象の女性同士で、あるいはときには女一人で、訪れ、楽しそうに時を過ごしている。

かといって、恋愛への欲求が見られないわけではない。

ファッション誌は盛んに「モテ服」「恋に効く服」「愛され服」を企画し、「ゆるモテ」「ふわモテ」などの「モテ」がつくファッションやヘアメイクのハウツーは続々と提案されており、現実世界にもそれを忠実に再現した外見の女性があふれている。見た目は美しく、モテモテに見える独身男女が、出会いのないことを嘆き、恋愛活動や結婚活動こと婚活に励んでいるのである。これはいったい、どういうことなのか。

モテるはずの服を着ているのにいっこうにモテず、パートナーにめぐり合えない。「モテ服」にひそむ落とし穴を、仏文学者の鹿島茂さんは『セックスレス亡国論』のなかで指摘する。

女が、男に実際にモテるかどうかということよりも、むしろ「男からどのぐらい注文があるのか、いや、正確に言うと、注文があるように見えるのかを競い合うようになった」ことにシフトしてしまったと。鹿島語を使えば、「女ドーダ」の競争になってしまったことが問題なのだと。

男を見ずに、女同士で「どっちがモテるように見えるか？」を競い合う部分が肥大した結果、現在のような状況、つまり、モテ服と呼ばれる装いに現実の恋愛がついてこない現象が起きているというわけである。

ファッション誌のつくり手の立場に身を置いてみるならば、つくり手側は、広告収入獲得のため、ブランドの最新モードを、できるだけ読者が買いたくなるようなコピーをつけて掲載しなくてはならない。そのモードを「モテ」や「恋愛」に結びつけることができれば、読者のつかみもいい。結果、誌面において最新モード＝モテ、という幻想ができ上がる……。

「情報を載せる側の編集者も忙しくて、自分が恋愛している暇もない。要するに、稼いだお金で高いバッグを買って、『ドーダ』と言っているうちに、四〇歳、五〇歳になってしまったわけです」と、鹿島さんは指摘する。

ゾンバルトが論じた世界においては、シーズンごとに変わるモードや高価なブランド品、宝飾品は、何よりも最初に恋愛ないし恋愛への欲望があり、それを盛り上げる需要として派生したものであって、決してその逆ではないのであった。恋愛→モード、という一方向の矢印の世界。

いまもその因果関係は健在である。恋愛とモードは常に手を携えているようなイメージがなお強い。だから逆に、モードの売り手は、そのイメージを利用する。女がモードに浪費すれば恋愛がついてくる、という物語をつくり上げたのである。ゾンバルト・ワールドの矢印を逆にしたわけである。恋愛←モード、というふうに。

しかし、これは、あくまで幻想にすぎないものであって、女がモテたいと思って誌面のままに浪費すればするほど、同性には認められても、恋愛は遠のく、という皮肉な状況が生まれてしまった。

「セクシーな服」「セクシーな時計」は、セクシーな男をつくらない

メディアが「モテ服」とうたう装いに走れば走るほど、同性の支持は得られても恋愛から遠くなる、という状況は、男性においても生まれている。

高級ブランドスーツばかりか、複雑機構の時計、高級車、メンズグルーミング用品の情報（という名の広告）でいろどられたメンズファッション誌には、商品を身につけるセクシーな男性モデルとともにさりげなく、あるいはあからさまに、美女の写真が掲載される。誌面のように装い、紹介されるモノを買えば、いい男になることができて、美女がもれなくついてくる、という幻想が脳内であおられる仕組みになっている。

その結果、仕事もできて、たいへんにおしゃれなのに、なぜかモテない、という男性の嘆きを、少なからず耳にするようになった。その状況を、フジテレビのゼネラル・ディレ

クター、河《かわ》毛《け》俊《しゅん》作《さく》さんはエッセイのなかで次のように描く。

「己を知らないままに、ハリウッドセレブの普段着を研究し、雑誌の薦めるモードブランドのセクシーであるらしい服を買い求める。ジムで鍛えたりスキンケアに精を出したりもする。トゥールビヨン搭載の超高級時計を購入し、更にリッチな人々はヨーロッパの超高級車も購入する。その結果、ホストのような医者やプロレスラーのような弁護士、ラスベガスでショーをやりそうな税理士などが誕生するが、真にセクシーな男は誕生しない」

（「反合理主義的服装術」『ＥＮＧＩＮＥ』二〇〇九年一〇月号）

女の目から見れば、ブランドのジャケットを誇る男も、高級時計や車を自慢する男も、「モテて見えること」「リッチそうに見えること」を男性同士で競い合っているようにしか映らず、彼らの目に車や時計以上に女性の存在が大きく映っているようには到底見えないのである。持ち物が高価で最先端であればあるほど、持ち主である男はセクシーから遠ざかっていく。

かくして、一見、ファッショナブルで美しくなった男女が増えているようにも見えるが、どちらも、恋愛を引き寄せようという思いがあるにもかかわらず、それをもたらす効果とはまったく逆方向の、同性間の視線を意識する方向へと走り、恋愛からますます遠ざかっていく、という現象が生まれている。

「婚活」ということばを広めた、山田昌弘、白河桃子著『「婚活」時代』は、「高いビジュアルレベルを求める見た目重視社会は、カップリングの成立にマイナス」と指摘する。ファッション誌のグラビアから登場してきたような美男美女の増加は、必ずしもカップリングの増加にはつながらないようである。

ただし、モテ服の美女、セクシー武装の美男は、「非合法の恋愛」に近い世界ではモテている。ホストクラブや、キャバクラ、クラブなどでは、わかりやすくお金のにおいがする装いは、「モテ」につながりやすい。こちらの世界では、ゾンバルト・ワールドがいまなお全開で、現金に代わる贈り物としてブランド品などの授受も盛んである模様。パートナーがすでにいる男性も、こうした世界では、ときに嬉々として浪費する。非合法の恋愛が経済を回転させる、というゾンバルトの慧眼《けいがん》にあらためて感心する。

ところで、これを言ってしまえば身も蓋《ふた》もない、というところがあるのだが、そもそも恋愛に常時恵まれている人は、あまりファッションに凝っていないことが多い。凝る必要がないのかもしれない。

　詩人の荒川洋治さんの『ラブシーンの言葉』は、さまざまな官能のことばのサンプルを集めたエッセイ集だが、おしゃれと愛についての、鋭い指摘がある。だいたいにおいて、官能小説では、服の描写が出てくるにしても「ズボンのバンドをゆるめた」みたいに、どろくさくて虚飾のかけらもない表現ばかり用いられるらしいのだが、これについて荒川さんは次のように解説する。

「一般におしゃれをするのは、そこまでしなくては異性にもてないという心のあらわれ。何を着ていてもいいの、あなたを好きよ、といわれたことのない人、まだ愛を知らない人たちが装いを凝らすのだ、と考えてみよう。この小説の男女は『自分たちは愛し、愛されているのだ』という気分のどまんなかに、構えている」

　まだ愛を知らない人、あるいはまだ次の愛を知らない人である大多数の人々は、出会いのきっかけを得るため、あるいは、自分はこんな人間であるという情報のかけらを伝えるため、装いを凝らす、とまではいかなくても、想定しうるモテ要素の一つとしての装いを、少しは考える必要に迫られてきたというところは、ひょっとしたら、あるかもしれない。

話をモテ服に戻す。雑誌が勧める「モテ服」は、遊びの恋愛の世界ではいまも有効であるらしいのだが、では、「非合法」ではない恋愛、その究極の形の一つとしての結婚をめざしたときに、ほんとうにモテる服というのはあるのだろうか？

コサージュ、擦り切れたバッグの威力

ファッション誌がスポンサーの商品をまじえつつ提案する幻想のモテ服ではなく、現実に、ほんとうにモテる服とは？

それを生々しく具体的に指南する本の一つに、白河桃子・文、ただりえこ・漫画『結婚氷河期をのりきる本！』という物語仕立ての婚活ガイド本がある。

モラトリアム王子と別れ、結婚に対する意識革命を起こし、結婚市場に乗り込み、さまざまな婚活をして、自分から機会をつくり、自分からプロポーズすることによってゴールにたどりつくヒロインの物語の進行にあわせ、具体的な方法のポイントが紹介される。服装に関しても、モテを最優先目的とするならば、恥をしのんで（？）これを着よ、と力強

いアドバイスが提供される。

まずは、お見合いパーティーに行くときの服装に対する助言。

「『スカートで行くこと』。（中略）どんなファッションか迷う人は、こういう時こそ雑誌『Can Cam』がお勧めです。男受けファッションとは、ちょっとダサイぐらい、わかりやすいのがいいのです。もちろん足元はヒール！」

白河さんが企画したある婚活セミナーでは、「婚活ファッション講座」として東京ソワールファッションディレクターによる、次のような服装指南がおこなわれたようだ（ホテルグランパシフィック、二〇〇九年六月二一日・http://event.citywave.com/tokyo/report/0907_03r.html より要約して引用）。

「黒ではなく、明るめの色で自分に似合う色を選ぶこと。露出もトレンドも行きすぎずほどほどに。清潔感を大切に。そして顔の近くにコサージュをつけるなどアイキャッチポイントを作る」

なんとコサージュである。あまりにも媚《こ》びポイントが明快すぎて、同性からは冷やかな目で見られがちなのだが、ここまでわかりやすいほうが、多くの男性は安心するのかもしれない。そういえば、二〇〇九年秋冬ごろから大きなコサージュのついた靴をよく見かけるが、ひょっとするとこれは、隠れ婚活シューズであったのか。

さらに、もっともその人の情報を伝えてしまうがゆえに女の最大の悩みどころとなるバッグの問題はどうなのだ？

これに関しては、前出の『結婚氷河期をのりきる本！』に衝撃のエピソードが紹介される。

「玉の輿を射止めた女子がいました。『擦り切れたバッグを持っていた』ことが、セレブ男子の目に留まったとか（笑）。そう、お金持ちはケチなのです！（中略）あまりに高いブランド品を持つのも、得策ではないかもしれませんね」

贅沢をしない女を演出し、ブランドバッグは玉の輿を射止めたあとに買え、と。多くのモード寄りのファッション誌が推奨するセンスよきおしゃれとは真逆の方向へいくことこそが、婚活市場における勝利を獲得する近道であるらしい。経済状況が厳しい時代における地に足のついた「モテ」のためには、洗練されたモードは無関係、むしろ邪魔、になっているのである。

小さくなりたい男たち

このように、婚活に熱心な女性たちは、「ファッション・レベルを下げる」努力をしてまでも頼りになる男性を求めているのであるが、それでは、対象となりうる若い男性たちのファッション傾向はどうか。

婚活市場に参加する男性のなかには、表情のつくり方から学ばねばならないケースもあるようだが、そのような極端な例を除けば、どうも多くの若い男性は、旧来の「男性らしさ」を拒否するかのようなファッションを選んでいるように見える。

もっとも顕著な変化と思われるのは、スーツを着た男が、小さくなったということである。

肩の詰め物を極力少なくし、トラウザーズの幅も細身にするという最近のスーツのデザインそのものがそう感じさせるばかりではない。従来よりも小さめのサイズを「ジャストサイズ」として、ぴったりとボタンをとめてタイトに着る、という着こなしを多く見かけるようになり、その結果、何やら、男が自分自身を、小さく華奢《きゃしゃ》に見せようとしている、という印象を受ける。

とりわけ、四〇歳前後から下の世代の男性に、この傾向が強く見られる。前出の、モテるために高級車や複雑機構の時計を買い、ブランド武装できる余裕のある層とはやや異なる層である。

彼らの父や祖父の世代には、「かっぷくのいい」体型をつくり、肩や胸に貫禄を与える、昔ながらの「背広」着用者も、多い。仕事着としての男のスーツは、本来、精神的にも肉体的にも「着る人を、大きく頼もしく見せる」効果があったはずなので、これはこれで一種の安定したスタイルであると思う。

だが、スーツを着て「小さく見せたい」というのは、いったいどういうことなのか？

小さめのスーツを上手に着こなす男たちは、プライベートの服においても、「背広」世代が毛嫌いしたような花柄を好んだり、アクセサリーや巻きものに工夫を凝らしてみたり、少し色を明るくした襟足《えりあし》長めのヘアスタイルをきれいに保って、やや猫背気味に歩く。爪もきれいに手入れされて、すれちがうと、フローラル系のいい香りがすることも珍しくない。「男くさく」ないのである。

そんな公私の印象が、ますます「男が華奢になった」という印象を強めているのだが、進む一方に見えるこの現象の背景には、いったい何があるのか？

もっと細く、もっと子供っぽく

モード界の現象と関連づけて考えてみれば、二〇〇〇年ごろから続く、「エディ・スリマン化」現象の影響がすみずみまで及んだ結果、とも考えられる。

ディオール・オムのクリエイティブ・ディレクターとして男性像をすっかり「中性」的にしてしまったのがエディ・スリマンであった。彼の登場後、世界中の男性服が細身になっていったが、本人は、二〇〇七年秋冬シーズンを最後に、ディオール・オムを去っている。

二〇〇九年、ランウェイでは八〇年代リバイバルブームで、揺り戻しのように強く威厳のあるスタイルが提案されたが、これが一般市場に反映される気配は、どうやらまだ見えない。

また、膝丈ショートパンツや足首を見せるトラウザーズをスーツに合わせることを提案しているトム・ブラウンの影響も無視できないだろう。二〇〇五年、二〇〇六年ごろにはファッション関連の賞を総なめにし、二〇〇七年以降、老舗のブルックス・ブラザーズとのコラボレーションもおこなう。ジャーナリストからも一目おかれているアメリカのデザイナーである。

2000年以降の男性服の細身化、繊細化に多大な影響を与えたエディ・スリマン。

見慣れぬ人にとっては子供服かと見まがうスーツ（しかも一着三〇万円を超える高価な服）を提案することで、着る人を挑発するデザイナーの感化力は強く、さすがにショートパンツのスーツは現実には見かけないものの、一般の大人の男性服市場に子供服のようなショートパンツ、足首の出る八分丈パンツが確実に増えている。

繊細さ、まるだしの男

男性服の細身化、子供服化。それに加えて、繊細化が進む。

二〇〇九年の春夏、ジョルジオ・アルマーニの広告ビジュアルでは、ちょっとすねたような男性が、膝をかかえるように座り、両手の指をつけて額にあて、こちらを見ている。一九八〇年代に一世を風靡《ふうび》した、リチャード・ギア主演の映画『アメリカン・ジゴロ』風の堂々たる伊達男の面影は感じられない。ナイーブで傷つきやすい男が、声をかけてもらうのを待っているかのようなポーズである。繊細さ、まるだし。これまでのアルマーニのイメージにはあまり見られなかった男性像である。

さらに、すっかり常套手段《じょうとうしゅだん》になりつつあるとはいえ、女性化にも言及しないわけにはいかない。リカルド・ティッシのジヴァンシィのコレクションがもっとも顕著であったが、靴にいたるまで全身フューシャピンクのスーツスタイルであったり、レギンスにショートパンツを合わせたり、レースやシースルーの素材を使ったり。
デザイナー自身は、「自分に自信を持つ強い男は、フューシャピンクにもレースにも物怖じしない。勇敢なトライアルは、フェミニンを恐れない〈強い男性像〉を想起させるだろう」という考えを表明しているのだが（『WWDジャパン』vol.1484 二〇〇八年七月一四日）、モードを見なれない多くの人の目には、「女性化」として映るであろうことは否めない。

2009年春夏のコム・デ・ギャルソン。男らしさを強調する服としてスカートが登場。

このように、二一世紀に入って男性のモードが向かっているように見えるのは、細身化、子供化、繊細化、女性化の方向なのだが、デザイナーの提案が空振りしていないのは、受け手のほうにそのトレンドを受容したいという素地があるからだとも考えられる。

このトレンドを後押しするのはどんな男性像なのか、もう少し考えてみたい。

男が男を殺すとき

男の装いが、細身化、子供化、繊細化、女性化している。グローバルなモードの世界においても、また、日本の、とりわけ都市部においても。

この現象が男性の気質の変化と何か関係があるのだろうかと考えていた矢先、知り合いの編集者が、ぎょっとするようなことをつぶやいたのである。

「男が男を殺す殺人事件の件数が、年々減っているそうですよ」

殺人事件。あまりにもモードの世界とは相いれないように思える話題であるが、いや、ひょっとして、殺人事件の件数の変化が、モードの変化と何か関係があるとしたら……？

本格的な殺人研究ではないので、収集にかなり偏りと浅さがあるとはいえ、資料をさっそく集めてみた。進化生物学の立場から殺人事件を研究している第一人者は、日本進化学会会長もつとめた行動生態学の長谷川眞理子さんである。翻訳書『人が人を殺すとき――

進化でその謎《なぞ》をとく』（マーティン・デイリー、マーゴ・ウィルソン著　長谷川眞理子、長谷川寿一訳）、およびインタビュー記事「日本の若者は殺さない　上・下」（朝日新聞　東京版夕刊二〇〇三年四月四、五日）、アットホーム株式会社代表取締役松村文衞氏との対談（『at home time』二〇〇〇年一月）などを読みすすめていくうちに、殺人事件に対する偏見がくつがえされていった。

人が人を殺すのはよほど深刻な理由があって止むに止まれず……と思い込んでいたのだが、実はそうでもないらしい。とりわけ古今東西、男が男を殺す事件は二〇代前半の血気盛んな時期がもっとも多く、その動機の多くは、「目が合った」とか「メンツをつぶされた」とかの、くだらない口論なのだという。

そんなどうでもよさそうなことで、人が人を殺すのか？　と一瞬、力が抜けそうになったが、そういえば、西洋の紳士の隠れたダークな伝統の一つに、「決闘」があったことを思い出す。紳士が紳士に手袋を投げる（＝決闘を申し込む）理由のほとんどは、「侮辱された」とか「名誉をけがされた」という、人の命の重さに比べればあまりにも些細《ささい》なことだった。「紳士としての名誉を重んじる」といえば聞こえはいいが、なるほど、いままで言えば、「メンツをつぶされた」と同義である。

長谷川さんによれば、くだらない口論から発展する男性の殺人は自己顕示欲の現れであり、その底には配偶者獲得の競争があるという。

つまり、ものすごく大雑把《おおざっぱ》な解釈だが、オレがいちばん、オレより前へ出るな、と張り合い、力をひけらかし合い、自分より前へ出ようとする男を牽制し、ときには殺すことによって、男はよりよい配偶者を獲得してきた、ということらしい。

その種の殺人件数が、日本は主要国のなかでもっとも少なく、さらに、一九五〇年代末以降、年々減っており、この四〇年間でざっと一〇分の一になった。

つまり、殺人事件の減少は、男が男社会で張り合うことが少なくなったことの現れであり、それはすなわち、男が配偶者獲得の競争から降りている、というか最初から背を向けていることの現れ、と考えてよいようである。

若い男が、男同士で張り合わず、配偶者獲得の競争に背を向けている。この現象と、若い男が心身を「大きく見せる」スーツを着なくなったというファッション傾向の、直接的な因果関係を証明するのは難しい。だが、恋愛にも結婚にもがつがつすることなく、自分の世界へ逃げようとしているかのような華奢で繊細な男性を見ていると、両者は決して無関係というわけでもないように見える。

弱くなれ、「いい人」でいい、張り合うな

男が、男同士の張り合いを避け、配偶者獲得競争に背を向ける傾向が進んでいるとする。ではパートナー獲得の欲望はないのか？　といえば、必ずしもそうではないようである。どうやら逆に「張り合わない」ことによってパートナーを獲得しよう、というのが「小さくなった男たち」のめざす方向であるらしい。そのように積極的に勧めている恋愛指南本まで登場している。

日本でいえば、たとえば、哲学者の森岡正博さんの著書『草食系男子の恋愛学』。草食系男子というよりもむしろ、これまであまり女性とつき合ったことがない男子に向けて書かれた恋愛指南書とも読めるのだが、そこで説かれているのは、一人の「弱い人間」としての人との関わり方、その延長としてのパートナー獲得法である。生きにくいいまの日本

社会のなかで、自分を卑下せず肯定して、人にあたたかくていねいに接し、精一杯いまを生きることによってこそ、人生最大の贈り物としての恋愛もついてくる、というメッセージを伝えている。

この点、「女を落とす」テクニックや性愛心理学系のうんちく満載の肉食系男子の恋愛学とは、まったく立場を異にする。渡辺淳一著『欲情の作法』などが好例である。

従来の男性用恋愛マニュアルにはあまりない要素ではないかと思ったのは、一歩まちがえると臆病《おくびょう》とも見られかねない態度を、全肯定し、重要な出発点としていることである。自分の弱い部分をきちんと見せることが大切、と。「男の中にある、柔らかく傷つきやすい心は、女性にとって未知の新大陸」であり、「弱くなることによって、男と女はつながっていける」という恋愛観に立つ。

また、肉食系の男がしばしば警戒することに、いい人と見られてしまい、それ以上の恋愛関係には進展しないという危険があるのだが、それに対しても、森岡さんは楽観的な恋愛観を示す――。「無理に男性的な魅力を身につけようとがんばらなくても、あなたに人間的な魅力さえ備わるようになれば、あとは女性のほうが勝手にあなたに男性的な魅力を探し出してくれる可能性がある」

さらに、「虚勢を張る〈自信のない男〉たちに騙《だま》されるな」「〈他人と比較する心〉があなたの魅力を奪う」という教えにいたっては、配偶者獲得のために他人と張り合い、虚勢を張ることで殺人すらおかしてきた従来のマッチョな男性性を完全否定しているようなものである。

かくして、弱くなれ、「いい人」でいい、張り合うな、という、肉食系男子からは軽蔑の視線を投げられそうな恋愛観が提示され、「真の自信とは、他人との比較をやめたあとに生まれる、控えめな自足のこと」と教示される。

つまり、旧来型の配偶者獲得の競争には背を向けているものの、弱い自分をありのままに肯定し、さらけ出すことによって、自分にふさわしい配偶者を引き寄せよう、というスタンスがとられるわけである。

いずれにせよ、その「引き寄せ」のスタンスは受け身であるから、女性がきっかけを戦略的につくっていかねば、なかなか話が始まらない。

両手を額にそえ、少しおびえたようにこちらを見るアルマーニの男性モデルの視線には、誰かと張り合う必要はなくなったけれど、はたしてこんな弱い自分を誰かが必要としてくれるだろうか、といううっすらとした不安感も、ほんの少し、まじっている。

趣味化する装飾

そんな日本の若い草食系男子のエネルギーや関心の一部が、ファッションに向かう場合がある。いったんそこに向かってしまうと、細部へのこだわりが生まれ、メディアの提案を受けながら系統分化していくのは、女性の場合とほぼ変わらない。たとえば二〇〇九年には、ナイーブな感性を強調する「フェミニン系」、または「サロン系」（美容師系）、不良ファッションをフェミニンな要素とブレンドした「モード★ヤンキー系」（こちらはつまり、雑食系らしいのだが）などといったジャンル分けが生まれていた。いかつく見える、肉食全開の「悪羅悪羅《オラオラ》系」というのもあったが、これにしても、女性受け狙いがわかりやすく見え見えで、細部に対する配慮が細かいという点では、むしろ繊細に見えてしまう（大人の肉食系男性においては、そもそもファッションに関心を示さないケースのほうが多い）。さらにエスカレートして、スカートをまとい、ヒール靴をはき、アクセサリーを重ねづけしながら男のアイデンティティを守りきるという高度な域にまで達した「装飾男子」まで登場した。そんなこんなの流行が、生まれ、話題になっては、消えていく。

多くの場合、雑誌主導の、サイクルの早いそんな多様性が生まれていることじたい、男性ファッションの繊細化、女性化のトレンドに含まれると解釈していいようにも見えてくる。

このように美しく、繊細になっていく男は、称賛の対象になることはあるとしても、自身の装飾そのものが快楽であるような、マニアックな「服オタク」に見えてしまうと、女性が入り込む隙など感じられなくなってくる。

愛は資本主義を生み、資本主義の行きすぎは愛を蹴散らした

男女の愛、しかも性愛の喜びを目的とする非合法の恋愛が、都会の「奢侈」を育て、さらにそれが加速させていった資本主義は、行きつくところまで行きついた。その結果、本

来、男女の愛のための装置であったモードにも異変が起きた。恋愛のためのモードが空回りしているのだ。

モードの外に視線を移してみれば、恋愛をエネルギーにできなくなった資本主義は、さらなる延命先を求めて、性愛を代行するビジネスまで生み出し、混沌《こんとん》とした状況を生んでいる。

『セックスレス亡国論』(前掲)では、人間はほうっておくと、面倒くさいことを回避するようになる(=セックスをしなくなる)という前提のもと、資本主義が、セックス、およびそこにいたる面倒くさい恋愛を代行するビジネス(=AVや性風俗)を生み出していったことを指摘する。

資本主義が、面倒くさいことをしたくないという願望をくみ取って発達すればするほど、それがセックスレスを招きよせる結果につながっている、と。性愛文化が生んだ資本主義が、性愛そのものを蹴散らしてしまっているという、不毛な現状があるわけである。

一方、発達しすぎた資本主義は、シーズンごとのニューモード、奢侈品を飽和状態にした。それを回転させるために恋愛幻想が利用されるが、それはどうやら非合法恋愛においては有効であるとしても、「結婚」にとってはむしろ空回りするものであるらしいことも、「婚活識者」による具体的服装指南から読み取れた。結婚しようと意図する女性は、ＡＶでいいやと逃げていく「ガラスの塔」に閉じこもる繊細な男性のために、わかりやすく、ダサいくらいの反モード路線の戦略を意識的にとることを勧められる。

そんな、意に染まないことまでして、「結婚」にたどりつける人は幸運である。「狩り」に疲れ、恋愛を面倒くさいと思っても、都会生活の舞台は、それだけで十分、恋愛に代わる刺激的な楽しみを与えてくれる。自分が心地よくいられる流行の装いに身を包み、話題の舞台に感激し、気のおけない友人とともに、おいしいレストランでコースディナーを堪能する。これもまた幸福の一つの形でなくてなんであろう。

かくして、愛の有無や大小などとは無関係に、というか、愛の幻想とは切り離されたモードが、都市生活の快楽を享受するために不可欠な小道具として、あるいは同じ時代を戦いぬく女性たちの承認の証として、消費されていく。性愛が生んだ都市生活の享楽が、性愛の代行者となって愛を蹴散らしていく。ただ変わるために変わっている、としか見えなくなったモードが、恋愛とはほぼ無関係に、資本主義を回転させている。

男性においても、「モテ」目的で学んだワインやブランドやファッションの知識は、非合法恋愛のツールとして生かされる場合もあるのだろうが、それ以外は、知識そのものが目的化していく。時計や車や靴といった分野に顕著だが、マニアックにその世界をつきめていくオタクすれすれの奢侈的世界が、いかなる恋愛のにおいもさせず、資本主義を回転させている。男も女も、トレッドミルを回すためだけに走り続けるハツカネズミのように、ただ同じ居心地のいい場所に留まるために、モードを消費し続けるようになっている。その回転とともにある間は、それはそれで忙しく楽しく、愛のことを考えるヒマもなくなる。愛はあったほうがよいが、なければないでとりたてて不幸でもない。

かくして二一世紀、モードを動かす物語の主役だったはずの「恋愛の物語」は、モードの回転の外へとはじかれていき、その空虚を、「倫理の物語」が埋めていった。あたかも、暴走資本主義の罪をそれで償おうとするかのように。

第四章　現実を超えていくための「マンガ」と「エロい」

女性にとって、完璧に服を着こなしているという意識は、
宗教でも与えがたいほどの心の平安を
もたらすものである。
（ヘレン・オルコット・ベル、生没年不詳）

To a woman, the consciousness of being
well-dressed gives a sense of tranquillity
which religion fails to bestow.
—Helen Olcott Bell

「カワイイ」も「エロい」も、モテをめざさない

二〇世紀までモードを回転させてきたのは恋愛の物語であったはずなのに、二一世紀にはいってそれが空回りしている、という話を前章で述べてきた。

恋愛の物語が空回りしていることと決して無関係ではないように思えるのが、めざされるべき女性の魅力の表現の変化である。二〇世紀までには最高のほめことばであったはずの「セクシー」の影が薄くなり、それに変わって「カワイイ」と「エロい」という、二大概念が大手をふるうようになっているのだ。

「カワイイ」と「エロい」。一見、両極端に見える。しかも、どちらも恋愛と密着しているように見える。しかし、実はどちらも、男受けをめざしているようで、実はそこに恋愛ないし性愛の要素があまり見当たらない。「セクシー」は異性目線を多分に取り入れた、相手をもてなす魅力の表現であったが、「カワイイ」にも「エロい」にも、男目線がほとんど不在なのである。

例外はもちろんあるものの、「セクシー」であっても、望むような恋愛がついてこない現状に、自信を失いかけたり空虚を感じたりした女性たちが、その空虚を蹴散らすかのように己の装いの楽しみをストイックなほどに極め、その結果、行きついたのが「カワイイ」であり「エロい」であるようにも見えるのだ。

「カワイイ」とは、マンガとギャルと原宿とロリータとゴシックとパンクとビジュアル系と江戸文化とその他が境界なく融合しつつ拡散したようなカルチュアで、世界から憧《あこが》れの視線を浴びている。アジアばかりか、従来は日本人が憧れの対象としてきた西洋の大人の女性までもが、「カワイイ」の模倣に励んでいる。原宿を訪れるギャルメイクの外国人女性が、制服ファッションやロリータファッションに身をつつみ、「カワイイ」を連呼しながら大量の買い物をしているのだ。二一世紀になって、またたくまにグローバル基準になったのが、「カワイイ」である。

注目したいのは、世界中の女性が夢中になる「カワイイ」には、異国趣味も混じった現実超えの夢はあるとしても、ひたすら、自分の喜びのために装われるという点である。その視線の先に、異性はいない。いや、「萌え」系にしか反応を示さなくなったオタクな男性をターゲットにした「カワイイ」スタイルというのはある。しかし、それは「プレイ」の一種のようなものであろうと思われる。マニアックな熱中をもって追求される、誇張された「カワイイ」は、誘惑をめざさない。ファッションの夢によって現実を超える力を得たいと願う女性たちが、男目線抜きで、求道的に、ひたすら自分のために装うことにエネルギーを注いでいく。それが「カワイイ」の世界を広げている。

「カワイイ」は、モテない。「カワイイ」はずのロリータファッションをまとってデモをする、プレカリアート活動家の雨宮《あまみや》処凛《かりん》さんは、「ロリータはセクハラ防止服」とまで言っている。ロリータファッションも、キラキラが盛りに盛られたギャルファッションも、普通の男性は、声をかけるどころか、引いてしまうのである。

同じように、二一世紀にはいって急速に表舞台に登場した概念に「エロい」があるのだが、こちらもまた、そのことばのイメージに反して、エロスの実態を伴わない場合が多い。ふつうの気弱な男性は、「エロい」装いの女性に対しては、遠目に見ることはあるとしても、実際には一定距離以上には近づかないようだ。「エロい」装いをする女性にしても、たとえばくっきりと胸の谷間やおへそを見せておきながら、実際に男性の視線に気づくと、

「なぜ見るのか」と言わんばかりに睨《にら》みかえしたりする。たぶん、男性のほうでも内心、「なぜ見せるのか？」と怒りに似た思いを感じているのではないかと憶測するのだが。あからさまに見せるよりも、見せないほうが、よほど男性の想像力をかきたてるはずである。しかし、「エロい」美を追求する女性たちは、男性の思惑などおかまいなしに、わが道を突進していく。「エロい」も「カワイイ」と同様、モテをめざすわけではないのである。

この章では、ほとんど女性同士の共感で盛り上がるかに見える、そんな「カワイイ」と「エロい」が、グローバルな美の基準として支配力をもつにいたる過程を詳しく見ていきたい。

ただ、「カワイイ」の全体像に関しては、櫻井孝昌さんの『世界カワイイ革命』ほかに詳しい情報が多く、本書では、「カワイイ」をつくる要素の一つであり、ランウェイ発のモードとの関わりにおいても重要度を高めている、「マンガ」的なるもののみに焦点を絞りたい。

マンガになりたい

モード界において、「マンガ」がはっきりとトレンドとして意識されたのは、二〇〇九年春夏シーズンである。この年の七月、日本のファッション業界で権威のある雑誌とされる『VOGUE NIPPON』が、「ファッショニスタはマンガに夢中！」という特集を組んだことがきっかけであった。

ここでいうマンガとは、コミックだけではない。アニメやフィギュアまで広く含めた、曖昧な「マンガ的なるもの」という認識の上に立っている。

特集で紹介されたのは、『ベルサイユのばら』の世界を想起させるよ

2009年春夏のジヴァンシィ。ドロンジョの衣裳を連想するのは、自然か、強引か。

2009年春夏のシャネル。プリキュア、制服、カワイイなどがモードに集大成。

うな、一八世紀ロココ的世界のシルエットとフリルたっぷりの服や小物。『ヤッターマン』のドロンジョが好みそうな、ボンデージ系ファッションやスカル（どくろ）モチーフに彩られた世界。『うる星やつら』のラムちゃん風不思議セクシーファッション。『ルパン三世』の峰不二子を思わせるハードでセクシーなアイテムの数々。

そして、「セーラームーン」や「プリキュア」の、制服をかわいくアレンジするファッション世界。

『VOGUE NIPPON』によれば二〇〇九年春夏シーズンには、多くのデザイナーの作品が、そのどれかに分類できそうなほど、「マンガ的なるもの」が目立ったのであった。

というよりもむしろ、オタク的世界とは対極にあったはずのトップモードまでもついマンガに見立ててしまいたくなるほど、周囲にあまりにも多く「マンガ」のイメージがあふれている状況が出現していたと解釈するほうが、実は正しいのかもしれない。

本格的接近の始まりは、村上隆？

モードがマンガに接近した最初の事件として思い出すのは、竹宮恵子がマンガで描いたエルメスの社史『エルメスの道』である。一九九七年の刊行だったが、そのころはまだ、高級ブランドがマンガという媒体を使うことは異例であった。

モード界がマンガに本格的に接近し始めたのは、二〇〇三年である。ルイ・ヴィトンのデザイナー、マーク・ジェイコブズと村上隆とのコラボレーションによるアニメ『スーパーフラット・モノグラム』である。一九世紀創業の老舗の重厚なブランドロゴが、「モノグラム・マルチカラー」としてカラフルに変貌したときの「ありえない！」という衝撃は、いまも鮮やかに覚えている。

メトロポリタン美術館でおこなわれたスーパーヒーロー展。ジョルジオ・アルマーニ、アナ・ウィンターらと同ショットにおさまり、バットマンもモードなニュースに。

こんな子供っぽいもの、ヨーロッパの成熟した大人のブランド世界で長続きするわけがない、と多くの人が否定的な感想をもらしていたように記憶する。

ところが、七年目を迎えた二〇〇九年には、マルチカラー・スプリングパレットのコレクションはますますパワーアップした。プロモーション用につくられたアニメ『スーパーフラット・ファースト・ラブ』(二〇〇三年の『スーパーフラット・モノグラム』の続編)のお披露目では、アイドルグループ「AKB48」の一五歳のタレントが、制服アレンジ風コスチューム（プリキュアの世界だ）を着て、イメージソングを歌った。「カワイイ」一色が場を支配した。

モードとアニメとのコラボの流れにおいて、続いたのは、プラダである。二〇〇七年、士郎正宗原作の『エクスマキナ』（『アップルシード』の続編）という日本のアニメの衣裳《いしょう》デザインを手がけ、二〇〇八年春夏はコレクションのコンセプトを、「揺れ動く花々」としてアニメ化する。

同年、ニューヨークのメトロポリタン美術館は、「スーパーヒーロー展」を開催し、バットマン、スーパーマン、スパイダーマン……といったおなじみのアメリカのコミックの主人公の衣裳と、それに関連したデザイナーの作品を展示し、ファッション・ジャーナリズムの関心をおおいにひきつけた。

その流れの延長上に、二〇〇九年モード界における「マンガ」全盛ムードが到来するのである。

コスプレ認知の始まりも、二〇〇三年

デザイナーがマンガ世界を思わせる作品を発表し始めた背景にある無視できない事情の一つに、コスプレ文化の隆盛もある。

コスプレという語が海外ではじめてお目見えしたのは、一九八四年。出版・映像プロデューサーの高橋信之さんがロサンジェルスで開かれたSF世界会議に出席したときにコスチューム・プレイ（costume play）という英語の略語としてコスプレ（cosplay）ということばを使ったのが始まりだった。

現在の英語圏の新聞には、とりたてて解説されることなしに頻出する。日本のマンガ人気と手を携えて急速に普及した、きわめて二一世紀的なことば（現象）かもしれない。

世界的にコスプレが認知されるようになったのは、二〇〇三年一〇月に、世界コスプレサミットがはじめて開催されてからである。ほかならぬルイ・ヴィトンと村上隆のコラボ開始の年である。世界コスプレサミットとは、テレビ愛知が「日本の『漫画・アニメ』を

介して『日本発の若者文化による国際交流の創造』に寄与する」ことを目的として開催しているイベントで、外務省や国土交通省も後援している。二〇〇七年には「ビジット・ジャパン・キャンペーン」の一環とまで位置づけられていた。年々、参加国も増加している。

ちなみに、村上隆がヴィトンとコラボを始め、世界コスプレサミットが始まった二〇〇三年に何が起きたのかといえば、イラク戦争が始まり、中国でSARSの感染拡大や鳥インフルエンザの感染発症が起きている。ずるずると引きずっていた二〇世紀と、否応なく決別を促すような衝撃的事件であったと思う。

また、この年の春には、宮崎駿《はやお》監督の『千と千尋《ちひろ》の神隠し』がアメリカのアカデミー賞長編アニメーション賞を受賞している。日本アニメが世界的権威のお墨付きをもらった年でもあったのだ。

アメリカのディズニーランドでジェットコースター脱線による死亡事故も発生し、アメリカ的な夢と魔法への失望も広まるなか、これまでにはなかった新しい価値、現実を超えていけるような力強いファンタジーが求められ、その答えとして日本のアニメ・マンガ的なるものが脚光を浴び、そのステイタスが一気に高まっていった。そんな物語を読み込みたくなる。

ともあれ、コスプレはオタク的なものではなくなり、表舞台に登場した。二〇〇五年には、サーヤこと紀宮清子内親王が、黒田慶樹氏との結婚式において、『ルパン三世 カリオストロの城』のクラリスが着たドレスをヒントにつくられたといわれるドレスを着用したと報道された。マンガのヒロインの衣裳を現実の人間が着る、という点で、これもコスプレの一つのように思われる。

個性なくてもキャラ立てたい

さて、そのコスプレは、べつに大がかりなサミットでなくても、休日の原宿に行けばふつうに見られるほど「日本文化」の一部として定着している感があるが、いったいなぜ、世界に先駆けて日本でこれだけ発達し、人気を集めているのだろう?

欧米でもハロウィーンのお化けになるなどコスプレの一種のようなことはやるが、日本発のコスプレとは決定的に違う。ハロウィーンのコスチュームは概してアバウトでもよく、魔女なら魔女とわかればそれでいいというところがあるのだが、コスプレの場合は、決定的に細部が重要になる。「アホ毛」の一本、「絶対領域」といった細部や微妙な色あいまで、二次元のファンタジー世界に描かれた衣裳をいかに三次元で立体的に正確に再現しているかを競うようなところがある。その芸の細かさ、極めっぷりには、やはり細かなことが得意で「道」となれば極めずにはおかない日本人的なものを感じる。

また、日本人は日常生活において個性を前面に強く出すことをそれほど求められない。というか個性を出しすぎると社会的にやっていけないこともある。一方、人間関係ないし社会においてスムーズに自分の立ち位置を獲得しようと思えば、「キャラ」を立てることが求められる。つまり、日本人には、たとえ個性はなくともキャラだけは立っていないと、なかなか円滑な社会生活が営めないような傾向があるのだ。この点もやはり、アニメのキャラに入りやすいコスプレにおいて、コスプレそのものが受容されやすい下地でもあり、プレイヤーがのびのびできる要因でもあるのかもしれない。

ずいぶん前になるが、幼稚園の謝恩会で、日ごろは奥ゆかしいお母様たちが、「セーラームーン」のコスプレで舞台に上がり、楽しそうにはじけていた光景を思い出す。コスプレという大義名分があれば、日ごろ「出すぎないように、たたかれないように」と感情や個性を抑えがちであっても、十分に感情の発露先を見出せるのである。セーラームーン、プリキュア系の制服アレンジのコスプレというジャンルも絶妙である。制約のあるなかで最大限に工夫を凝らして遊ぶ。これも日本人が得意とするジャンルかと思う。

人生はマンガを模倣する

また、ままならぬ現実を超えたい、ドラマティックに生きてみたいという夢を受け止めるのに、コスプレほどてっとり早いものはない。日ごろやってみたくてもなかなか許されない願望を、コスプレを通して実現するのは、大きな解放感を感じられる。虚構になりきることで、自由を感じられる。非日常的なファンタジーが、現実を生きぬき、超えていく力を与えてくれる。閉塞感の漂う時代に、デザイナーたちが提案する「魅力的な悪女」のコスチュームを思わせる服には、「人生は舞台、もっと楽しもう」というメッセージを読み取りたくなる。ただ、これだけさまざまなデザインが出尽くしたモードにおいては、行き詰まりを打開するインスピレーションソースとして、手近にあふれていたマンガに活路が見出されただけ、というところかもしれないが。

デザイナーの思惑はどうあれ、コスプレという舞台を降りた日常でも、芝居がかったアイテムをよく見かけるようになっている。猫脚の椅子、上腕までのびる長い革の手袋、ティアラをはじめとするヘッドドレスなど。それこそ「マンガみたい」にカワイイものが日常にあふれ出している。

また、最近の人気プリクラ機では、目は数パーセント大きく写り、輪郭は何パーセントか小さく写る。肌表面はプラスチックのようにつやつやに加工される。もっとデカ目に。もっと小顔に。毛穴が一つもない無機的な肌に。そんな「なりたい顔」の理想のモデルは、もはやマンガ界にしかいない。その期待を受け止めるかのように、ドラッグストアで売れているメイク用品には、『ベルサイユのばら』のマンガが描かれている。このマスカラを使えば、このアイライナーを引けば、目が顔の半分を占めるほどの大きさになり、瞳のなかに星が入ると夢見させてくれる。実際、カラーコンタクトやつけまつげ、毛穴消しコスメを駆使すれば、現実離れしたマンガ顔に近づくことはさほど不可能ではないようにも思えてくる。

人生は芸術を模倣する、と言った一九世紀末のオスカー・ワイルドのことばは、現代でも通用する。ただし、二一世紀において、その芸術は、マンガになった。

「自分になれる」十全感

モードの送り手は、デザインの行き詰まり突破口として、現状を打開する新たなデザインソースとして、グローバルに普及し始めたマンガ文化、その一環としてのコスプレにヒントを得ただけかもしれない。

一方、受け手のほうは、殺伐《さつばつ》として夢のない現実を生きぬく力の源として、マンガのファンタジーを必要とする。コスプレ、またはその延長上にあるようなファッションを日常的に取り入れ、うそくさいほどのマンガ的世界に本気で近づいていけばいくほど、「カワイイ」レベルは上昇する。

厳密に言えば、コスプレとカワイイは、一緒にくってはいけないのかもしれない。コスプレの目的はマンガのキャラクターになりきることによってキャラクターへの愛情を表現すること、とみなすならば、ロリータや制服などの「カワイイ」系ファッションとは別物扱いすべきものなのかもしれない。しかし、「プリキュア」のコスプレから制服ファッションに入る、『下妻物語』(マンガ的な映画である)のコスプレからロリータファッションにはいる、というケースもままあることを考えれば、コスプレは「カワイイ」への入り口としてとらえることもできる。

そんなこんなのマンガ的要素やコスプレ文化も含め、キティやビジュアル系バンド、原宿その他がアメーバのように融合してでき上がっていく「カワイイ」は、そのレベルが上がれば上がるほど、虚構度が増す。虚構度が増せば増すほど、そこに現実の男性が入り込む余地はない。とことん人工的に自己完結した「カワイイ」は、むしろ、男をよせつけない鎧《よろい》になっているようにも見える。

櫻井さんの『世界カワイイ革命』(前掲)では、ロリータファッションを愛好するネッラさんというフランス人女性の話が紹介される。「恋人に遠慮してロリータ服を着ることをためらっていたが、恋人と別れると同時に、毎日ロリータファッションに身を包むようになった。『ロリータ服を着たことで、私は自分になれたのです』」
「自分になれる」。この十全たる感覚のほうが、男目線に媚びるファッションで「自分じゃない」思いをすることに勝るわけである。「自分を変えてまでモテたくはない」と櫻井さんは彼女たちの心の中を代弁する。

「セクシー」から「エロい」へ

では、二一世紀のもう一つの特異な現象、「エロい」が流通していく過程を追ってみよう。

二〇〇三年ごろからであっただろうか。「エロかわいい」「エロかっこいい」の形容詞とともにブームになった歌手の倖田來未《こうだくみ》効果もあって、エロいことは素敵なことだという認識が急速に広まる。ほんの少し前の二〇世紀には、エロおやじやエロ本といった、じめじめとした連想しか生まなかったというのに。

誘惑力が強いのに、でも露骨というわけではなく、社会にもほどよい好感をもって受け入れられる、そんなふうに演出された色気ある美しさは、「セクシー」と形容され、英語圏においては、二〇世紀、とりわけその後半にかけて、「セクシー」は最高レベルの賛辞となった。

日本語においても、一九九〇年代ごろからであったかと思うが、「セクシー」と讃えるのは決して下品であったりセクハラにつながったりするようなことではなく、人柄全体を評価する最高のほめことばであるからどんどん使ってよし、という認識を定着させるキャンペーン（とことさらに銘打たれたわけではないが）が一時、女性誌を中心におこなわれていたことがある。

ところが、二一世紀にはいり、セクシーが飽和状態になって刺激を失いかけたことを受けてか、セクシーの地位が揺らぎ始めた。もはや素直なほめことばとしては機能しなくなり、たんに「エレガント」や「シック」に代わる、万能ファッション用語として使われたり、「セクスイ」と笑いの対象にされたりすることで、ようやく生き延びているような印象を受けるようになった。

それに代わり、本来の、強力な誘惑力をもって情熱をかきたてる魅力を表現することばとして、新たに登場したのが、「エロい」である。

いったん受容すれば無限に自由自在に活用の幅を広げることができるのが日本語のすばらしさ。「エロクール」「エロカジ」「エロガンス」「エロイヤル」……。エロ変格活用と呼ばれるほどエロ花盛りである。

そんな空気が支配するのは日本だけではない。海外においても、隠しつつ誘惑する奥ゆかしいセクシーに飽き足らず、大胆にエロティックで、ときにポルノグラフィックでさえあることが、ファッション価値を急速に高めている。

へそちら見せ、見せパン、見せブラ、谷間見せ、つけ乳首、それらすべてを総称してエロ見せ、など、二〇世紀のほんわかしたセクシーの枠内にはもはやおさまりきらないレベルへとどんどん「進化」した。思わせぶりの誘惑にとどまるセクシーでは物足りない、もっとその先、直接的にエロくなくては、と。

直接的なエロが追求されている背景の一つとして、デザイン上の行き詰まりも無視できない。少なくとも、二〇世紀には、セクシュアルであることとはどういうことかという大命題を相手にできる、デザイン上の余地があった。

英国の服飾史の大家、ジェームズ・レイヴァーに、「シフティング・エロジェナス・ゾーン（移行する性的関心領域）」という理論がある。女性のモードは、性的関心として強調する身体領域を少しずつ移行していくことで変化していく、という説である。ウエスト、ヒップ、バスト、肩、首、背中、鎖骨、足首、ふくらはぎ、そして太股。二〇世紀にはこうしたパーツのどこか一点または何点かを強調したり隠したりするようにデザインを変えていくことでモードの推移が成り立っていたようなところがある。しかし、ありとあらゆるデザインが出つくし、閉塞打開策として、二〇世紀まではタブーであったエロジェナス・ゾーンが開拓されている……という見方も、できなくはない。

いずれにせよ、二一世紀には、直接的なエロジェナス・ゾーンすらタブーとしない力が働いていることは、たしかである。

ヴァギナ・ドレスにGスポット広告

二一世紀にはいって、オブラートをかけられた「セクシー」に代わり、ダイレクトに

「エロい」ことがファッショナブルで素敵なことになり、エロティシズムの表現が微細に多様化するほど、エロス全盛時代を迎えている。ラグジュアリー・ブランドがグローバル化するなか、ファッション支配力の強い世界の都市部で起きた現象である。

この過程をもう少し詳しく見ていきたい。日陰にあって湿り気を帯びていたエロスを、ゴージャスでリッチな、陽のあたるまばゆい場所に持ってくることに多大な貢献をしたスタイルアイコンが、何人か思い浮かぶ。

まずは、アメリカのテキサス出身の男性デザイナー。

セックスは、売れる。大昔からの「常識」でありながら、実際に適用することが難しかったこの考え方を、大胆不敵な手法で二一世紀の高級モードの世界に花開かせた第一人者は、トム・フォードである。

二〇〇九年には映画監督としてのデビューも果たしている才人である。ファッション・デザイナーとしては、二〇〇五年以降、メンズファッションのブランド、トム・フォードを手がけており、クラシックでありながら最先端感覚を漂わせるそのスーツは『007／慰めの報酬』においてジェームズ・ボンドのスーツとして採用されるなど依然として好評であるが、モード界におけるこの人の活躍がもっとも目覚ましかったのは、なんといってもグッチ、イヴ・サンローランのクリエイティブ・ディレクターを兼任していた二〇〇一年から二〇〇四年春あたりまでの時代である。

二〇〇二年秋のパリ、二〇〇三年春夏コレクションとしてフォードが発表したラインは、フォード自身がジャーナリストに「ヴァギナ・ドレス」と語って話題になった。露骨にその部分が象《かたど》られているわけではないが、エレガントなカクテルドレスのフロントに、メタファーとしてひらひらと複雑なひだが重ねられており、憶測するに、男ならばついなかをのぞきたくなる欲望にかられる仕様になっている。

二〇〇三年二月には、フォードが手がけたグッチの広告が、いくつかの国で禁止された（日本では、たぶん、禁止以前に、掲載すら考慮の対象外であったのだろう、不思議なまでにまったく見かけず、ゆえに話題にならなかった）。問題の広告は、女性が下着を下ろすと「G」（グッチのロゴ）という形にトリミングされたアンダーヘアが見え、男がひざまずいてそれを熱く見ている、というもの。公に掲載されたメディアは少なかったはずだが、これは「Gスポット広告」として、伝説的に語られている。

また、同じころ、サンローランの香水「オピウム」の広告でも、モデルのソフィー・ダールにバースデイスーツ（生まれたときの姿）のままポーズをとらせており、これにも多くの苦情が寄せられた。

そんなこんなのゴージャスなポルノグラフィックすれすれのエロ路線がスキャンダラスに語られるたび、トム・フォードの威光は高まっていく。二〇〇四年にグッチのクリエイティブ・ディレクターを辞任するころには、完全に彼自身が別格のブランドとなり、スーパースターの高みに上っていた。

フォードの成功例にならい、ディーゼルも二〇〇五年、ジーンズだけをはいた男性の身体に三人の女性の脚がむかでの脚のようにからみつくユーモラスでエロい広告を掲げた。これを転機として、ディーゼルはカジュアル・ブランドからプレミアム・カジュアル・ブランドへと昇格し、ラグジュアリー市場への仲間入りを果たす。

二一世紀のはじめに飛躍したラグジュアリー・ブランドは、挑発的なエロさを、下品には落とさずスタイリッシュなアートとして成功させたブランドだったのである。

ぶるるんリップをエロエロに

エロスを陽のあたる場所に持ち込んだスタイルアイコンその二として思い浮かぶのは、ハリウッド女優アンジェリーナ・ジョリーである。

二〇〇〇年、『十七歳のカルテ』でアカデミー賞助演女優賞を受賞し、ビリー・ボブ・ソーントンと結婚したあたりから注目を浴びたが、なんといっても彼女の知名度を飛躍的に高めたのが、二〇〇一年の『トゥームレイダー』である。

オープニングはいきなり、ジョリーの唇のアップ。「ぶるる〜ん」と擬音を入れたくなるような迫力でのリップのどアップに度肝を抜かれ、かつ、心をざわつかせた観客は、一人や二人ではないだろう。

ぼってりと大きめのこの人の唇は、露骨にエロい。二〇世紀のメイクアップの常識であれば、「唇をファンデで消し、輪郭を少し内側に、小さめに描く」のが上品セクシー美女の王道にかなっていることになるのだが、ジョリーはそんなせこい価値観を蹴散らしててまった。ただでさえ量感のある唇を、やや偽悪的に、下品すれすれにきわどく突き出す。この生々しいエロさの衝撃に、美の基準、ひいてはメイクの基準までひっくりかえった。唇を小さめに演出するどころか、ジョリー唇にするための注射やらリップグロスやらが続々登場し、「リップをより大きくエロく」見せるための美容産業が花盛りになった。

日本でもたとえば、エロスは女性美にとって不可欠と説く「愛と美の伝道師」こと叶《かのう》恭子《きようこ》の唇が、日々巨大化して信じられないほど「エロエロ」になっていったことは、記憶に新しい。

ボディパーツばかりではなく、行動や考え方の基準においても、ジョリーは「エロいことは、かっこいい」と価値観を変えた。過去のあらゆるエロティックな冒険を隠さず公表しているが、そのなかには、ナイフを使ったセックスをしたとか、ぎょっとするような話もある。二番目の夫ビリー・ボブとは互いの血が入ったケースを持ち歩くほど欲情し合っているとのろけてみたり、兄と近親相姦《きんしんそうかん》を思わせるディープキスを披露したり、レズビアンをにおわせたり。二〇世紀であれば、「どんびき」されること必至であったエロい行動の数々は、あまりにも堂々としたジョリーにおいて、おもしろいことに、「あっぱれ」なことに化けてしまったのである。

奇しくも、トム・フォードが「スタイルのルール」ナンバー10として説いているのが、こんなこと——。「すべての男が一生に一度、試すべきお楽しみがある。もしストレート（異性愛者）であれば、少なくとも一度、男と寝てみること。もしゲイであれば、女性と寝てみることなく生涯を終えるな。いずれの場合にせよ、ステレオタイプな考え方から解放されることは、いかにナチュラルな喜びを与えてくれるのかということに、驚くであろう」

エロスの大胆な冒険は、クリエイティブでスタイリッシュな個性をつくる……そう錯覚しそうになるほど、トム・フォードとアンジェリーナ・ジョリーのエロの影響力は強大だったのである。

ファッションになったセックス・トイ

ラグジュアリー・ブランドにおけるエロスの表現がスタイリッシュに磨かれていき、エロさ全開の女優があれよあれよという間にハリウッドのナンバーワン女優になり、美男の代名詞になるほどの男まで手に入れて、公私にわたる充実した幸福のお見本となるような時代において、エロは恥ずかしいものであるどころか、ファッショナブルなたしなみとしての様相すら帯びてきた。

世界に影響を与えたアメリカのテレビドラマおよびその映画化版『セックス・アンド・ザ・シティ』効果も大きい。セックスを特別視せずに語ることは下品なことでも何でもなく、都会で生活するファッショナブルな女性にとっては一つのマナーでさえある、と世に教えたこのドラマのなかに、多くのおじさんが見たら赤面してひっくりかえりそうになるのではと思われるアイテムが登場する。

「ザ・ラビット（うさぎ）」と呼ばれる大人のおもちゃ、つまりはヴァイブレイターである。

「ランパント・ラビット（Rampant Rabbit＝暴れ回るうさぎ）」というのがより「正しい」名称らしいのだが、なぜうさぎかといえば、前部ないし嗜好《しこう》に応じて後部を刺激するV字形の部位が、うさぎの耳に似ているからである。

この番組登場を機に、いや、ひょっとしたらその前からひたひたと進行していた現象ではあったのかもしれないが、ラビット・ヴァイブレイターをはじめとするありとあらゆるセックス・トイが堂々と、続々と、明るく陽のあたる場所に現れてきた。

大人のおもちゃと聞いて、毒々しい色のシリコンやラバーでできた安物を想像してはいけない。ファッションとして楽しまれる小道具には、リアリティを追求しすぎたケミカルな安物はふさわしくないのである。

現在、売れに売れていると報道されているセックス・トイは、二一世紀にはいって登場した、ラグジュアリーな「ブランドもの」である。

ラグジュアリー・セックス・ブランド

たとえば、スウェーデンのレロ。

二〇〇三年、デザイナーのカール・マグナソンとエリック・カーレン、そしてエンジニアのフィリップ・セデックによってつくられたこのブランドは、「デザイナー・セックス」

というフィロソフィーのもと、女性とカップルに向けて、より深く解放された快楽を楽しむためのセンスよいグッズを、世界四〇ヵ国以上で売っている。

そして、アメリカのキキ・ド・モンパルナス。

エロスに関わるありとあらゆるファッショナブルなものが揃う。バス＆ボディケア用品、ランジェリーから、目隠しや手錠やムチやスパンカー（お尻たたき）やティクラー（くすぐり棒）などのプレイ用品、各種ヴァイブレイターにいたるまで。女優のリンジー・ローハンがこの店で誕生パーティーを開いた、と聞けば、「セレブでゴージャスなエロなのね」と納得させられてしまう。

有名人がブランド価値を高めているのはこの分野においても同じ。アメリカのジミージェーンというセックス・トイのブランドを一躍有名にしたのは、モデルのケイト・モスである。彼女はここのゴールドメッキのヴァイブレイターを購入したことが報じられている。ほかに女優のテリー・ハッチャーやジェシカ・アルバ、ダンサーのディータ・フォン・ティースも顧客にもつとなれば、プラチナ製でダイヤモンドつきの三二五〇ドルのヴァイブレイターを売っているといわれても、驚かない。高価でラグジュアリーなヴァイブと連想が結びつけば、その人のセレブ格もむしろ、上がるような気さえしてくる。二〇世紀の女優であれば、そんな連想を許すスキなどちらりとも見せなかったはずなのに。女優やモデルも喜んで顧客リストに名を連ねるジミージェーンのトイは、近未来的で都会的なオブジェないしアクセサリーのようなたたずまいで、生々しさはまったくない。

セックス・トイがこのようにラグジュアリー化したことで、快楽に奉仕する小道具にまとわりついていたうしろ暗さ、気まずさは払拭されていった。

ロンドンのマイラもまた、ラグジュアリー・エロティック・ブランドである。このブランドの代表的なランジェリーである、「パールGストリング」ショーツ（股《また》を覆う部分がストリング状に連ねたパールでできている。『セックス・アンド・ザ・シティ』で、キム・キャトラルが演ずるサマンサがはいて有名になった）をはけば、二四時間万全のエロ態勢であろう。

かくして二一世紀に、エロスは恥ずかしいものではなくなり、秘められるものですらなくなり、おしゃれにラグジュアリーに楽しまれるべきライフスタイルとして、市民権を得た。

女の女装とエロスのライフスタイル化

ラグジュアリー（luxury）ということばは、色欲（lust）から生まれた。中世から一九世紀の初頭まで、ラグジュアリーは好色・淫乱《いんらん》という意味でも使われていた。シェイクスピアのお芝居において、「ラグジュアリー」は「肉欲」の意味である。高級で贅沢といういまの意味を「ラグジュアリー」が帯びるのは、一七世紀以降のこと（「色欲」の意味も並存する）。つまり、あくまでことばのうえではあるが、高級で贅沢なラグジュアリーの下部構造には、エロスが眠る。

エロスがファッションと化し、ラグジュアリーなライフスタイルをエロスが侵食していく現在の光景は、エロスの進化というよりも、ひょっとしたら中世的メンタリティへの回帰なのではないか、と感じることがある。

つまり、最近の男女の服装の性差が、「中世的」だなあ、と見えることがあるのだ。いっとき、後ろから見ると男か女か区別がつかないこともあった男女の装いが、二一世紀にはいって、再び、くっきりと違いを鮮明にしている。これは、「女が、より女らしく」装っている結果である。ワークウエアでも女性のスカートを多く見かけるようになったし、二〇代前後の若い女性に目立つのは、「アゲ嬢」（雑誌『小悪魔ａｇｅｈａ』に登場するような、キャバクラ嬢風のファッションとメイクの女の子）をお手本として、まつ毛はたっぷり、ネイルもごってり、ヘアもロングで巻き巻きかつ盛り盛り、ヒールもばっちり、と「女」の要素をこれでもかと盛るファッションである。

二〇歳前後の女性ばかりではない。四〇歳前後の働き盛りの女性も、とことん女を演出する装いをすることがある。出版・広告ディレクターの湯山玲子さんは、この「女装」と呼ばれる現象について考察している（『女装する女』）。

モード界においても、「女の女装」現象が起きている。二〇〇九年の春夏モードにおいては、プラダやイヴ・サンローランが手の込んだ構築的な高い髪で驚かせ、スリーワン・フィリップ・リムも非対称的なつくり込んだまとめ髪で目を奪う。ジョン・ガリアーノやジュンヤ・ワタナベにいたっては、自毛で足りないからとばかり、巨大な高々としたヘッドドレスを発表した。セレブ界においても、歌手のレディ・ガガが、頭頂にハローキティばりのリボン形のアップをウィッグでつくり、好奇の目と羨望《せんぼう》を一身に集めて、一躍、注目の人として躍り出た。「女」にしかできないことをてんこ盛りして、「女」の強調。これは、中世そのものじゃないか。

中世では、どちらかといえば男が「男装」していた。

胴体にたっぷりと詰め物をして、下半身は超ボディコンシャス。ふくらはぎに詰め物をしてまで脚の「男らしい」ラインを強調し、ヒップの丸みを誇らしくアピールする。そしてきわめつけは、コッドピース（詰め物や装飾がほどこされた、股間の前開き部分を覆って突出する袋状の布）である。

なぜわざわざ性器を強調するような装いをしたのか？

これに関してはさまざまな解釈が与えられてきた。両脚を覆うホウズ（タイツのようなもの）の縫い目の処理に困って、袋状の布でつなぎ、それを思いきり華美にして装飾として見せることにしたとか。隠そう隠そうとする心理がかえって裏目に出た「補償作用」の結果であるとか。

でも。ひょっとしたら、現在と同じような、エロスの明朗化の賜物《たまもの》であった可能性も、考えられなくはない……。エロティックな存在としての自分を表現することに対してプラスの価値を与えられたことが、女性性であれ男性性であれ、「性の強調」ファッションを加速させていったのでは、と。いずれにせよ、おおっぴらに積極的に追求されるべきライフスタイルの構成要素となったエロスなのだが、これは現在、男女間の本来のエロスとして正しく機能しているのだろうか？

カップルの数だけ答えはあるだろうから結論なんて出ない余計なお世話であろう。ただ、中世の「男の男装」がセックスアピールにはつながらず、主に同性間における牽制として働いたように、現代の「女の女装」も、男に対して女の魅力をアピールすることにつながらず、ほとんど自己満足ないし同性間の承認としてしか機能していない（それしかめざしていない）。ライフスタイルとして市民権を得たエロスもまた、自己満足と同性間の承認以上のものは得られない（めざさない）のではないか、とも思えてならないのである。

テニス選手マリア・シャラポワが流行させたエンハンスト・ニプル（つけ乳首）というものが、二〇〇五年に注目された。自然の胸はブラジャーで隠し、そのうえで擬似ニプルをアクセントとしてつけるという珍妙なファッションであった。シャラポワ自身がそれをつけていたのかどうかに関しては、憶測の域を出ない諸説がとびかったままであったが、多くの女性が「ニプルを透かして見せる」ことをかっこいいとみなした結果、驚きの現象が生まれたのであった。あえて擬似ニプルをつけ、それを透かして見せるというのは、どう見ても「エロい」ものであったが、少なからぬ女性が、「ニプルが立っているのが、かっこいい」と模倣した。多くの男性の当惑は、まったく無視されたままま。

同じころ、ベアミドリフ（へそ出し）ルックも流行し、へそ周りをへそピアスやタトゥーシールで飾って露出するファッションを、若い女性は積極的にとりいれた。多くの男性の「電車の中で目の前にこれがくると困る」という抗議は、みごとに聞き入れられないまま。

「エロかわいい」や「エロかっこいい」を承認し、実践する主体はあくまで女性であって、男性視線などほとんど考慮されていないのである。

二一世紀にはいって急速に市民権を得た、「カワイイ」と「エロい」。一見、逆の方向をめざしているようにも感じられるが、両者の流行には、通底するものを感じ取ることができる。自分が承認するファンタジーを、マニアックに突き進んでいくための情熱のはけ口。

ファッションの力によって、行き詰まった現実を超えたい、現実を生きぬく力を得たいと志向するエネルギー。何が「カワイイ」のか、何が「エロい」のか、それを男性の目にゆだねず、女性自身が趣味の裁定者となることで、支配する立場に立ちたいという願望、あるいは意志。

必ずしも全てのケースにあてはまるわけではないけれど、モードから恋愛や性愛の要素が薄まっていること、それらがついてこないことで、行き場をなくした女性のファッションエネルギーが壁にぶつかり、それが一見反対方向に見える「カワイイ」と「エロい」の両極へと分断していったようにも見えてくる。二〇世紀の「セクシー」のような、人の目をもてなすためのものではなく、自分の道をマニアックに極める美学でもある「カワイイ」と「エロい」からは、かくして、ますます恋愛の要素が遠ざかっていく。

第五章　ラグジュアリーと激安品のはざまで

あらゆる罪は、コラボレーションの結果である。
（セネカ、5B.C.-65A.D.）

Every sin is the result of a collaboration.
—Lucius Annaeus Seneca

原宿・表参道の二一世紀的光景

「カワイイ」の聖地として世界中から観光客・ショッピング客が訪れる、東京・JR原宿駅から東京メトロ表参道駅へ向かう界隈は、世界のどこにも類例のない進化を遂げている、不思議な活気に満ちたファッション地区である。

シャネル、ディオール、ロエベ、フェンディ、セリーヌ、トッズ、アルマーニ、グッチ、ドルチェ&ガッバーナなどのラグジュアリー・ブランドが勢揃いするかと思えば、H&M、ザラ、トップショップ、フォーエバー21などのファスト・ファッションのチェーン店に人が行列し、ユニクロ、ギャップなどの安価なチェーン店も常に買い物客でにぎわう。一本裏の通りへ行けば、コスプレ用の奇抜な服を扱う小さな店や古着店がひしめく。

二〇世紀には、ラグジュアリー・ブランドの路面店に入る客と、安価なファッション・チェーンで買い物をする客の層は異なっていたかと思うのだが、いま、人の流れを見ると、フォーエバー21の黄色い袋を持ってブランドの店舗に入るとか、ブランドに立ち寄ったついでにH&Mを見ていく、という人も多い。

この地区を訪れる多くの消費者の目線においては、ラグジュアリー・ブランドとファスト・ファッションは、ほぼ同列に、共存するようになっているのである。どちらもグローバルに均質なサービスを展開する「チェーン店」であり、世界のどの店舗へ行ってもだいたい同じものを売っているという点では、たしかに似たようなものになったと言ってもおかしくはない。

二一世紀にはいり、高級ブランドと激安ファッションの間にあった垣根が、取り払われてしまった感がある。

いったいどうしてこんなことになってしまったのか？

激安チェーンとハイエンドなデザイナーとのコラボ

消費者目線で言えば、垣根の崩壊は、二〇〇四年一一月に始まった。

スウェーデン発のファスト・ファッション・チェーン、H&Mが、シャネルのデザイナーもつとめるカール・ラガーフェルドとコラボレーションしたコレクションを、限定店舗で限定数のみ扱ったところ、初日の数時間で完売という騒ぎを起こしたのが契機だった。日本にはまだH&Mは上陸していなかったが、このニュースは革命的な事件として日本のメディアでも大きく取り上げられた。価格は大衆(マス)向けなのに、特権的(エクスクルーシブ)な商品を提供する。そのコンセプトは「マスクルーシブ」と名付けられ、以後の消費トレンドを左右するキーワードとなった。

この成功で波に乗るH&Mは翌二〇〇五年一一月、デザイナーとのコラボレーション第二弾としてステラ・マッカートニーと組む。発売後の騒動は前年以上となり、H&M各店は開店後、商品を奪い合う女性客で戦場となり、全商品がなくなって次の商品が運ばれる途中からすでにつかみ合いの騒ぎになったことが大きく報じられた。

その後、コラボレーションは定番化し、ヴィクター&ロルフ、ロベルト・カヴァリとビッグネームが続いたかと思えば、コム・デ・ギャルソンやマシュー・ウィリアムソンといったアート色の強いデザイナーとのコラボまで続々発表し、話題をふりまいた。二〇〇九年一一月には、イギリスの靴ブランド、ジミー・チュウとのコラボによるコレクションを発売し、予想どおりの開店前の長蛇の列は、やはり、ニュースの種となっていた。

ファスト・ファッションがデザイナーを救う？

そんな流れに追随するように、他のチェーン店もデザイナーやセレブリティとのコラボ商品を次々と発表していく。ファスト・ファッション・チェーンとデザイナーやブランドとのコラボレーションは、もはや驚くにもあたらない常套手段になった。

このような企画が慣例化していくなかで、消費者の、高級ブランドに対する見方も変わっていく。なんだ、ブランドといっても、H&M価格でつくれてしまうものなのか……。

もちろん、デザイナー自身のブランドで提供しているものと、H&Mと組んでつくるものとは、素材や縫製や細部において、それなりの差異がある。しかし、ラグジュアリー・ブランドも短期のサイクルで商品を投入し続けるようになっているなかで、素材や縫製のよしあしを問うよりもむしろ、ワンシーズンだけトレンド感を楽しめればOKという気分が、安価コラボ商品の細部をお目こぼしする。

ユニクロが二〇〇九年秋冬シーズンにデザイナー、ジル・サンダーとのコラボレーション「+J（プラスジェイ）」を販売する、と発表したとき、ジル・サンダーには失礼だが、率直な感想は「ついに庶民的なファッション・チェーンが、才能はあるのにビジネスが軌道に乗らないデザイナーを救う時代がきたのだろうか……」というものだった。ジル・サンダー本人は、ジルサンダーというブランドからすでに離れており、ブランドは、オンワードホールディングス傘下に入っていた。ジルサンダーAG社がわざわざ、「ユニクロとわれわれは無関係」という声明を出したとき、当初の率直な印象はますます強められることになった。

ファスト・ファッション・チェーンは、経済が好況だった二〇〇四年ごろ、ヨーロッパにおいては全盛期を迎えており、同時に、批判も浴びていた。ランウェイで発表されたデザインに似たものを売ってデザイナーの著作権を侵害しているとか、大量生産大量廃棄により地球環境に良くないビジネスをおこなっているとか、経費削減のために労働者の権利を顧みない不当な労働を強いているとか。ファスト・ファッションのマイナスの側面が、しばしば報道では強調され、話題にされていた。

しかし、ファスト・ファッション側は膨大な需要に支えられてビジネスを拡大し続け、著作権侵害の指摘に関しては、デザイナーの作品にこっそりと似せるのではなくデザイナーと堂々とコラボしていくことで解決、という大胆な手に出たのであった。経済が不況に急転した時代において、ますます成長し続けるファッション・チェーンは、皮肉なことに、逆にブランドやデザイナーを救う「白馬の騎士」としての役割も果たし始めているように見える。

ラグジュアリー・ブランドが敷居を低くし始め、ファスト・ファッションは、デザイナーを支援することによりステイタスを上げている。そんなムードのなかで、両者の垣根はあれよという間に取り払われてしまったのである。

それどころか、不況期においては、むしろ安くできるほうが強いという空気さえ流れている。

デザイナーにしてプロデューサーの山本寛斎さんが、ファスト・ファッションの「強さ」に関して、ある会合でこのように話していた。「デザイナー同士でデザインのコピーをすることは簡単にできるんですよ。でもファスト・ファッションのジーンズだけは絶対、コピーできない。一〇〇〇円以下のジーンズなんて、いったいどうやったらまねできるのか、さっぱりわからない」

ファッション・ジャーナリズム不信とストスナの大流行

ラグジュアリー・ブランドがファスト・ファッションと同等に入り乱れるほど大衆化してしまった現状は、ブランド業界そのものの戦略がもたらした結果でもある。

その過程を詳《つまび》らかに暴いた本が、ダナ・トーマスの『堕落する高級ブランド』（実川元子訳）である。

私にとって、この本は二重の衝撃があった。まず、ブランドの栄枯盛衰の現代史が、実際の調査や聞き取りに基づいて、スリリングにジャーナリスティックに描かれているという書物そのものの衝撃的な面白さ。そしてもう一つは、ファッション・ジャーナリストがここまでブランドの裏側を実名入りで暴いて大丈夫なのだろうかという、多少の心配交じりのショック。

日本において「ファッション・ジャーナリズム」と称される分野は、ブランドの影響力にコントロールされている部分がある。結果として、ファッション・メディアには、タイアップや、広告コピーのようなページばかりが目立つようになってしまっている。

そんな現状をささやかながら体験したり見聞きしたりしてきたので、ブランドの裏の実態をここまで暴いてしまうと、書き手はファッション・ジャーナリストとしての命脈を絶たれるのではないか、と衝撃を受けたわけである。

しかし、ブランド側とファッション・ジャーナリズムの癒着が、結果として、どの媒体も似たりよったりの存在にしてしまい、それに飽きた読者が、リアリティと親近感を求めて別種のメディアを支持し始めている。それが、ストリートスナップ（ストスナ）である。スタイリストやモデルの経費もかからないストスナの大流行は、これまでのようなブランドとファッション・ジャーナリズムとの関係に飽き足らない読者が後押ししたものでもある。

ブランドと蜜月《みつげつ》関係にあるファッション・ジャーナリズムの低迷と、ストリートスナップの流行。ファッション・ジャーナリズムに対するブランドの強い支配力が、結果的に、ブランドが意図する方向とは別の流れをつくったのではないかとも見えてくる。

ダナ・トーマスはその意味でも画期的なことをやってくれたと思う。ブランドの意向に添う必要のない骨太なジャーナリズムの存在を示し続けることで、ファッション業界全体が開かれ、知的に活性化する契機になればよいがと願う。

貪欲《どんよく》な利益追求の果てにたどりついたのは

回り道した。ダナ・トーマスが描く、ブランドの栄枯盛衰である。概略を紹介する。

ラグジュアリー・ブランドは、かつては富裕階級だけに顧客対象を絞って、熟練職人が時間をかけて仕上げた高級品を誇り高く扱っていたファミリービジネスであった。ところが、実業家がこの業界に参入するようになってから、マーケットを大衆層に拡大することによって利益を増やそうとする戦略がとられ始める。たとえばヴィトン帝国ことLVMHグループのCEO、ベルナール・アルノーは、新興国の中間層向けに、ロゴマークのついた製品を大量生産のルートに乗せてビジネスの規模を飛躍的に拡大する。ブランドの買収や乗っ取りが日常茶飯事となり、他の老舗ブランドも、否応なくこのゲームに巻き込まれていく。

ダナ・トーマスは、さまざまなブランドの膨張の過程に、セレブリティを使った過剰なPR合戦、経費を削減するための中国での過酷な労働による工場生産、実態は中国産でも「メイド・イン・イタリー」にすり替えるためのマジック、「デザイン」を装った縫製工程の手抜き（裏地なし、裾《すそ》切りっぱなしなど）などの方法があることを、本のなかで明らかにする。

ファスト・ファッションの手法にならった早いサイクルの品を大量生産するため、大量の余剰品が出て、それをさばくためのアウトレットが繁盛する。偽ブランド品や盗品ビジネスが横行する。ブランドのディスカウント商品を「タイムセール」で扱うインターネットビジネスが隆盛する。そうしてブランドがついに、スーパーマーケットの商品のように日常に過剰にあふれるモノになる……。

高級ブランドが激安ファスト・ファッションと同レベルで共闘しつつ市場をシェアする現状は、ブランドによる利益追求の、矛盾に満ちながらも当然の帰結ということになる。

利益とひきかえにステイタスを保つことの難しさが待っていることを、経営者の誰かがはたして予想していたのかどうかはわからないが、ブランドが我利を追求すればするほど自身の本来とは違った結果に導かれてしまうという皮肉は、ここにおいても見られる。

ブランドに対するラブ&ヘイト

読後、ブランドの利益追求の姿勢ばかりが印象に残るのだが、ブランドの大衆化を手助けしたのがほかならぬ消費者、とりわけ日本人であることにも思いが及ぶ。売春してまでブランドを買いたいという日本人女性の話が何度か出てくるが、それほどまでの欲望の正体は、どのようなものだったのだろう。

ラグジュアリーな価値を有すると他人が定めたものを持つことで、特別な価値のある人に見られたい？　他の人が欲しがるものを持っていることで、幸福そうに見られたい？「いいもの」と世間に認められるものを持つことで、少しでも心の優越を保ちたい？

そんなこんなのブランドへの欲望を支えているのは、多くの場合、他人の視線であり、その他人の視線というのはおうおうにして、ファッション・メディアの言説の影響を受けている。このメディアが、ある部分ブランドによって影響されていることは、先ほど述べたとおりである。ブランドのあくなき我利追求、メディアとの関係、消費者の「他人から見た」幸福追求、そんな得体のしれないものがぐるぐる巻きになって、互いに互いを利用しながら頂点にのぼりつめ、そして変質してきたという感がある。

この構造が次第に明らかになり始めたいま、ブランドとファスト・ファッションを同列に扱う消費者は、ブランドに対し、愛憎をもてあましながら、ささやかなリベンジをおこなおうとしている人のようにも見えてくる。

ブランドの転換期

大衆化し、均質化したラグジュアリー・ブランドのビジネスに、一世紀に一度という不況が襲う。海外高級ブランドの成長に多大な貢献をしてきた日本であるが、矢野経済研究所によれば、二〇〇八年の海外高級ブランドの国内市場規模は前年比八九・八パーセントという大幅なマイナスを記録。二〇〇九年には市場規模がさらに縮小した。同研究所は、今後三年間ほど一段と市場縮小が進む、と推測している。

欧米でも同様で、イタリア、アメリカ、フランス、いずれも売り上げが低迷していることが報じられた。

もちろん、アジアや東欧の新興国はまだブランドブームが始まったばかりであり、現在の路線を保ちつつマーケットをそちらへ向けて成長させるという可能性はまだまだ残されている。「世界の人口は七〇億人近くもいて、まだまだ私たちのブランドを待っている人がいると思っている。私たちは市場を探して、拡大していきます」とグッチのCEO（二〇〇八年五月当時）、マーク・リーは語る（朝日新聞　夕刊　二〇〇八年五月一六日）。

とはいえ、ヨーロッパや日本のように「成熟」しすぎてしまった市場においては、頂点を保ち続けてきたエルメスのように、さらなる「超高級」路線をめざし続ける、と強気の姿勢を保つことができるブランドもあるが、多くのラグジュアリー・ブランドは転換期に立っている。

思えば、二〇〇〇年代の前半は、ラグジュアリー・ブランドの勢いはとどまるところを知らなかった。ブランド消費は右肩上がりで成長し、資本家によって買収や合併が繰り返され、グッチグループ、LVMHグループを中心にブランド戦争なるものが繰り広げられていくなかで、モード界はブランドの路面店ラッシュやファッション誌の創刊ラッシュに沸いていた。シーズンごとに発表される新作の「イット・バッグ」や芸術品のように扱われるデザイナー靴の価格は吊《つ》り上がる一方で、ブランド消費は無限に拡大していくかのように見えていた。ブランドのロゴをひけらかし、きらきらと光る宝飾品を誇示する、セレブカルチュアを巻き込んだ「ブリンブリン（bling-bling）」と呼ばれるファッションが全盛であったが、いまから振り返ると、あれは一九世紀末から続いてきた「富の誇示」スタイルの最後のあだ花であったかもしれない。

　そのほんの数年後の光景を、いったい当時の誰が予想したであろうか。第一章で述べたように、二〇〇五年以降はモード界に「倫理」の足かせがかかり、環境にやさしく、倫理的で、人道的で、持続可能であるべきという、歴史に前例を見ない「良心の誇示」という価値が贅沢の基準としてモードを牽引していくが、二〇〇八年以降の世界不況のなか、その理想と矛盾するような安価なファスト・ファッションが市場を席巻し、ブランドとファスト・ファッションが等しい価値で扱われるという混沌が起きている。

社会の変化はスタイルの移行を伴う

二〇〇〇年代のファッション状況の激変は、近年の服飾史においても特異な変化として位置づけられる。「富の誇示」から「良心の誇示」へとラグジュアリーの基準が変わったこと。二〇世紀には不動と思われていたブランドの威光が失墜したこと。それと連動して、ブランドと蜜月関係にあるファッション誌の影響力が薄くなり、代わって古着などをミックスした個性的なスタイルを称揚するストリートスナップが、メディアとして影響力を高めていること。ほんの一〇年間に、ファッションを取り巻く価値基準、ひいては人々のスタイルが大きく変わっていることを、あらためて思い知る。

ファッション史には何度か、短期間に美意識や価値が激変する、スタイルの「シフト（移行）期」が見られるのだが、二〇〇〇年代はまさしく、その時期の一つとして数えることができる。

過去の代表的な移行期には、たとえば一八世紀末から一九世紀初頭にかけて、すなわちロココから新古典主義へと移る時代がある。この時代に、フランスの宮廷服が大きな変化を遂げている。ロココ時代には、女性は髪を高く結い上げたその上にさらに白い髪粉《かみこ》をかけ、胴体はコルセットで締め上げ、腰はパニエで巨大に膨張させていた。男性もかつらの上から髪粉をかけ、刺繡《ししゅう》や金糸銀糸をたっぷりとほどこしたジュストコール（上着）にベスト、ニーブリーチズ（膝丈ズボン）で装い、バックル飾りのついたヒールの靴をはいて、膝下の脚線美を誇っていた。

髪粉の原料は小麦粉であった。労働者階級の食べるパンがないというのに、貴族はその原料を装飾のために使っていたのである。そんな「粉飾」もまた労働者の怒りをあおる原因の一つとなり、フランス革命が起こる。「サン・キュロット（半ズボンをはかない）」と称する革命派は、半ズボンに象徴される貴族を次々に粛清していき、革命後、宮廷服は一〇年前には想像できなかったスタイルに変わっている。

革命後の社会の理想を古典古代のギリシア・ローマ時代に求めよう、という時代のムードに合わせるかのように、女性ファッションは古代ギリシア風の白いシュミーズドレスに変わる。パニエなどの装置も刺繍などの飾りもない、シンプルなドレスで、髪も自然に下ろしたナチュラルスタイルになった。

男性服は、英国のカントリージェントルマンの乗馬服に範を求めた服になり、脚線美誇示の長い伝統が失われ、次第にトラウザーズ（長ズボン）が主流になっていく。革命前と革命後のほんの一〇年間でのあまりの変わりようをからから、カリカチュアまで存在する。

また、二〇世紀においては、一九六〇年代が大きな移行期であった。一九六四年にアンドレ・クレージュがスカートの裾線を太股《ふともも》の位置でカットしたコレクションを発表し、ほぼ同じころ、ロンドンのマリー・クワントがストリート発のミニスカートでモッズムーブメントを押し上げていった。ボーイッシュで小枝のような両性具有的モデル、ツイギーが女性の憧れとなる。たたみかけるように一九六六年、女性解放運動の盛り上がりを先駆けるようにして、イヴ・サンローランが、タキシードルックを発表する。

二股に分かれたトラウザーズを淑女が公の場ではくのはタブーすれすれであった時代において、ショッキングなニュースとして扱われたタキシードルックだったが、以後、女性が正装としてトラウザーズで装うことは「あり」になり、女性と男性の性差の壁が低くなっていく。この時代においても、一〇年にも満たない間に、保守的な慎みと「女性らしい」成熟を美とする五〇年代スタイルの常識からはまったく考えられなかったスタイルの激変が起きているのである。成熟から若さへと、美しさの価値も大きく変わった時代において、ミニスカートやトラウザーズをはいて大股で歩くことができるようになった女性たちは、性革命を推し進め、社会進出も果たしていった。

日本においても、明治維新の際に、和服から洋服へと、服装の一大転換が起きている。これは日本人らしく（？）「上から」の指示によるもので、一八七一年に宮中西の丸大広間において、関係諸大臣が招集されておこなわれた「服制に関する一大評定（洋服大評定）」が契機になった。

『日本洋服史――一世紀の歩みと未来展望』（吉田元監修）によると、「起居進退がいかにも便利である。（中略）世界を闊歩《かつぽ》する気分を養う上にも大英断をもって洋服を採用すべき」という後藤象二郎の意見をはじめとする賛成意見と、「伝来の服装を一朝にして西洋風に改めようとするのは何事であるか」という反対意見がとびかうなか、外務卿《がいむきよう》副島種臣《そえじまたねおみ》による「趙《ちよう》の武霊王《ぶれいおう》が胡《こ》の国を征するに胡服を用い大勝したという故事がある。（中略）

されば趙の例に従ってこの際世界的な服装を用いるべき」との意見が決め手になった。西郷隆盛が、「胡服して戎《えびす》を征すとの副島どんと同じ意見でごわす」と重々しく発言したことで、反対派も折れ、洋服採用に一決された、という経緯がある。

つまり、社会が大きく変わるとき、人々の価値観や時代のムードも変わり、それを反映するようなファッションが生まれ、装いのスタイルも変わってきたことがわかる。時代のムードに形を与え、私たちの気分を形づくるもの、それがファッションである。具体的に形づくられたそのファッションは、社会のムードと手を携えて長続きするスタイルとなって広まり、社会の変化を後押ししていく。

二〇〇〇年代に起きた変化もまた、社会の激動に伴って発生したものであった。良心の誇示、倫理の支配、マンガになりきりたい願望、エロスの爆走、ブランドと激安品の併存、個を称揚するストリートスナップの隆盛。これらは、地球環境をめぐる諸問題が大きく迫りくるなか、右肩上がりを前提とする資本主義が行き詰まった結果、もたらされたファッション状況ともいえる。

資本主義と手を携えていたモードは、二〇世紀までは恋愛の物語をエネルギーとしてそのサイクルを回転させていたが、資本主義の行きすぎに伴って、「面倒くさい」性愛を代行するビジネスが出現し、服を売るための過大な恋愛幻想が逆に本物の恋愛を遠ざけていき、結果、モードから恋愛の要素が薄まっていった。空回りするようになったモードは、倫理の物語やマンガや明朗なエロスと手を組むことで、新たなサイクルを回し続けようとしている。資本家が乗っ取ったブランドは利潤拡大を追求するあまり大衆化して威光を失い、激安品と同列に氾濫するに至った。そのブランドとの蜜月関係が濃すぎた従来のファッション・メディアは、ブランドの失墜とともに権威を色褪《いろあ》せさせ、古着も個性的に着こなせるような素人をモデルとするストリートスナップにその地位を譲っている。一〇年前には予想もつかなかった現象ばかりである。経済不況が追い打ちをかけたこの状況は、現在まさしくカオス状態にあり、社会が移行期のさなかにあることを示す指標となっていると思う。

この混沌から、どの方向に向かうのか。何が淘汰されていって、残ったものはどのような社会の形成を後押ししていくのか。混沌が底なし沼にも見える現在、まだ何も見えない。

ただ、それを見定める前に、まず、いったん現状を「総整理」する必要がある。そう考えて、現在を「クリーニングアップ」の時期ととらえるデザイナーもいる。

総整理の後に残るものは

二〇〇九年のはじめ、BBCのラジオ4において、「カール大帝」と異名をとるデザイナー、カール・ラガーフェルドのインタビューが放送された。モデルの「サイズゼロ」(やせすぎ)問題や毛皮問題など、ファッション業界で議論の的になっているさまざまなテーマについて意見をのべているのだが、世界的不況について、次のようなコメントをしている。

「世界のクリーニングアップ(総整理)のようなものだと思っている。世界はどのみち腐敗しすぎていたので、いったんすっきりと総整理される必要があったのだ。経済不況は健康的なことだと思う。いやなことだが、健康にはよいことだ。世界にとってのミラクルトリートメントのようなものだね」

「クリーニングアップ」の結果、現れてきた潮流の一つが、「伝統回顧」「原点回帰」である。二〇一〇～一一年秋冬コレクションにおいて、主要なブランドがはっきりとメッセージとして打ち出していた。ミラノではドルチェ&ガッバーナがブランドの原点を伝える映像を流し、サルヴァトーレ・フェラガモも創設者と創設当時の職人たちの姿を映し出した。

パリではいちはやくクリスチャン・ディオールが二〇〇六年ごろから「ヘリテージ（文化的遺産）」主義に移行している。二〇〇九～一〇年の秋冬コレクションでは、その方向をさらに明確に打ち出し、ディオールのルーツでもある一九四七年の「ニュールック」を連想させるフェミニンなスタイルを提案した。「ニュールック」とは、ウエストを細く強調し、たっぷりと布地を使ったフルスカートのドレスである。第二次世界大戦後、物資欠乏が続いていた時代の渇きをいやすかのような斬新さに感動したジャーナリストが「ニュールック」と呼んだ。現在のデザイナーであるジョン・ガリアーノはこれに二一世紀的なアレンジを加え、「ディオールよりもディオール的」と評された。

ガリアーノがおこなった「クリーニングアップ」とは、ワンシーズンで古くなるイット・バッグに象徴される狂想的トレンド的要素、メディア主導のセレブ至上主義を一掃した後に残る、ブランドの核になる原点の再発見だったようである。暗く厳しい時代であるからこそ、豊潤な夢をもって、堂々と女であることを楽しもう、という「ニュールック」が体現した原点の心意気を、ガリアーノは現代的に再解釈した。

ブランドの方向性ばかりではなく、デザインのうえでも、「クリーニングアップ」の成果と思われる、過剰を取り除いていった後に残る原点回帰の傾向が見られる。くらくらとさせるような扇情性、感情をかきたてるようなハイテンションは下火になり、二〇一〇〜一一年秋冬では、セリーヌ、ステラ・マッカートニーらが提案する、ボリュームや装飾をそぎ落とした力強くシンプルなデザインが、ミニマリズムのトレンドの基調をつくる兆しを見せている。セリーヌのデザイナー、フィービー・フィロは次のように語る。「レジスタンスといったら、ちょっとエキセントリックかもしれません。でも、リュクスなスタイルへの『抵抗』という気持ちを持ち続けることが、今は大切なような気がします。ミニマルなデザインはそこから来ているのかも」（『WWDジャパン』vol.1570　二〇一〇年三月一五日）。

テイラード、ミリタリーのバリエーションも主流のトレンドといっていいほどに増えた。つまりは混沌を脱し、生き残るために、服の基本へ、原点へ、いったん立ち返ってみよう、という大きな流れを感じ取ることができる。

過剰な装飾を競ったロココから、ピュアでシンプルな新古典主義へとスタイルがシフトした過渡期の印象と、どこか重なって見える。

大不況期に生まれた「世界でいちばん高価な香水」

無駄をそぎ落として基本、原点に立ち返る態度や、そこから生まれるクリーンでミニマルなファッションというのは、なるほどたしかに、贅沢や無駄を極力省く必要に迫られるような時代のムード、地に足がついた「守り」に向かわざるをえないムードに、とても似つかわしいように見える。

しかし、先行きが見えにくいときであればこそ、現実からいっとき逃避させてくれ、ひるがえって現実を生きぬく力を与えてくれるような、突き抜けたアイディアに対する渇望が生まれてくることもある。

シュールレアリスム(超現実主義)が流行し、ファッションにもその多大な影響が及んだのは、ほかならぬ大恐慌時代の一九三〇年代であった。地に足のついたテイラードスタイルが流行した一方で、このような現象も起こっていたのである。サルヴァドール・ダリはニューヨークの百貨店ボンウィット・テラーのディスプレイをシュールレアリスムのアートで飾ったし、ダリとも交友があったデザイナーのエルザ・スキャパレリは、靴やアイスクリームコーンの形をした帽子をつくり、ショッキングピンクという色を誕生させ、服の留め具としてはじめてファスナーを使用して、人々を驚かせ、喜ばせた。いまはふつうに身の回りにあるショッキングピンクもファスナーも、お目見えした当初は、「シュールな」ものだったのである。

どんよりとした空気を打開するような、非日常的な刺激を見せてくれるアーティスティックな表現に、人々が夢中になったことは想像に難くない。

大不況の空気に縮こまったりせず、逆にチャンスを見出して成功したデザイナーの例は、他にもある。

たとえば、パリのジャン・パトゥである。

一九二九年、「こんな厳しい時代に、こんな高い非日用品が売れるわけがない」と周囲に猛反対されながら、よりによって「世界でいちばん高価な香水」と銘打って、香水「ジョイ」を発売した。

パリまで行けなくなったアメリカの顧客にとって、「世界でいちばん高価な香水」は、つかの間、現実を忘れさせてくれる喜び（ジョイ）となり、大ヒットしたばかりか、香水そのものが売り場のスタンダードとなった。「その分野でもっとも高価な品」を置くか置かないかは、売り場のレベルを決める一つの基準になるからである。結果、「ジョイ」は香水史に燦然《さんぜん》と輝く伝説となった。

ひょっとしたら、二一世紀の不況とほぼ同時に訪れた空前の摩天楼ヒールのブームも、不況が生んだ現実逃避心理と関係があるかもしれない。二〇〇八年、二〇〇九年には厚底＋《プラス》ヒールによって、一五センチ以上も身長が高くなるような靴が人気を博したのである。地上から十数センチ浮遊することで、現実を忘れるような、あるいは超えられるようなデイドリームを見る気分になれることもヒットの理由の一つだったのではないか。

いずれにせよ、摩天楼ヒールを二時間以上はき続けることは不可能に近く、それをはく快い緊張にしばし浸ることには、ささやかな日常超えの喜びも混じることはまちがいないのである。実際、三〇年代にもプラットフォーム（厚底）シューズが流行しており、現在の不況期に復活しているシューズのなかには、三〇年代にサルヴァトーレ・フェラガモがつくった靴の復刻版がある。

たいへんな時代だからこそ、着飾りなさい

一五センチヒールの靴をはかせずとも、心を一五センチほど底上げして、生々しい現実とは少しだけ違う景色を見せる。ファッションには本来、そんな力もある。

二〇〇九年パリの春夏コレクションでは、不況の七〇年代に「パンクの女王」として君臨したヴィヴィアン・ウエストウッドが、テーブルクロスやシーツなどの布地をそのまま生かした服を発表し、こんなメッセージを発した。

「たいへんな時代だからこそ、着飾りなさい。それも自分で作りだすのよ！ In these hard times-dress up. Do it yourself!」

「総整理」した結果、残る資産を見極め、そこからどんな刺激的なものを積極的につくり

出していくかという姿勢を、ヴィヴィアンは問う。frugalということばは、「倹約」と日本語に訳してしまうといじましい感じがするが、語は「果実（fruit）」から生まれている。すでに持てるものを注意深く、最大限に有効に生かしながら、未来に大きな果実を摘み取ろう、というニュアンスを感じ取ることができることばなのである。

無駄をそぎ落として残った核を発見し、持てるものを最大限に生かして何かを作りだしていく工夫こそが、未来の果実を生む。着ること、デザインすることばかりではなく、あらゆる局面において。フルーガルということばを一五センチほど底上げして、そう考えてみることもできるのだ。

あとがきにかえて

二〇一〇年春夏ミラノコレクションにおけるドルチェ&ガッバーナのショウでは、一瞬、場違いとも見える存在が、時代の変化を伝えていた。

米『ヴォーグ』編集長アナ・ウィンターや、インターナショナル・ヘラルド・トリビューン紙のスージー・メンケスといった、いつもの大物ジャーナリストの間に、PCを抱えた見慣れぬ若者が座っているのである。

彼はマニラに暮らす二三歳（当時）のファッション・ブロガーで、「ブライアンボーイ（Bryanboy）」として知られる。ブログへの一日の訪問者数はほぼ二一万五〇〇〇人で、この数は、英フィナンシャル・タイムズ紙が報じるところによれば、英『ヴォーグ』誌のひと月の発行部数よりも多い。

ブライアンボーイは、フロントロウ（最前列席）から、ショウの模様を世界に向けて同時中継した。同年、一三歳（当時）のタヴィ・ジェヴィンソンという女の子までスタープロガーとしてもてはやされていく風潮のなかで、二〇一〇～一一年秋冬コレクションでは、ブロガーによる発信はむしろ主流となり、ツイッターでのコレクション情報の同時発信は、どのメディアでもあたりまえになった。

このフロントロウの光景は、さまざまなことを考えさせる。

まず、モードを送り出す主体としてのラグジュアリー・ブランドは、「堕落した」とジャーナリストに書かれながらも、やはり時代に対する嗅覚が鋭く、したたかに時代の変化の兆しを取り入れ、変化と一体となって時代を映し出し、社会が向かう方向を示し続けているということ。少なくとも、いまのところ、時代の鏡としてのブランドの存在感は健在である。

次に、パリにいようがマニラに住もうが、百戦錬磨のモードの女帝であろうが二三歳の若造（失礼）であろうが、瞬時に同じ情報を受け取り、発信できるようになっているほどモード情報のグローバル化、ひいてはフラット化が進んでいるということ。むしろ、辺境ほどスノビズムが強く現れるという人間心理の一般的傾向を考慮すれば、マニラに住むほうが、パリのどまんなかにいるよりも、モード情報に対して、より敏感に反応できるのかもしれない。

そして、現代はファスト・ファッションがもてはやされるのと同じように、ファスト・コンテンツが席巻する時代である、ということ。

考えぬかれ、吟味された、熟練ジャーナリストの言葉よりも、誰からも検閲を受けない、つぶやきに近いナマのことばに、人々はとびつく。熟練ジャーナリストのことばが活字になるころには、すっかりその情報は「既知のもの」となっているため、さほど新鮮な関心も示されない。より早く、より短い文で瞬時に届けられる情報を、気軽に受け取って、気軽に忘れる。そんなファスト・コンテンツの影響力が、日々高まっているのを感じる。

既存のファッション・メディアにおいても、第五章でも述べたとおり、ファスト・コンテンツ化が進んでいる。審美眼のあるスタイリストが選びぬいた服をスタイル抜群のモデルが着てポーズを決める、といった手間暇をかけてつくられたファッション・フォトよりもむしろ、「ストスナ」と称される、親近感の感じられる「素人」が登場するリアルなストリートスナップに高い人気が集まり、つくる方も、製作費や製作時間が少なくて済むストスナ風コンテンツを増やしている。

訓練を重ねてその道のプロフェッショナルとなった人の「作品」を尊重するより、私的で本音を伝え合う等身大のライブなコミュニケーションで間に合わせられればそっちがいいという、上向きの緊張感や持続的な関係性を必要としないメンタリティ。そんな未来なき楽観ないし絶望なき諦念といったその場しのぎの感覚を、ファスト・コンテンツ増加の背景に感じ取ることができる。

ファスト・コンテンツの支配は、ほかのメディアにおいても進行している。ソーシャル・ネットワーク・サービス、ユーチューブ、ブログ、ツイッターといった新しい形のコミュニケーションが、映画や本や雑誌に代わって、影響力をもつようになった。構想され、演出された作品を享受することよりもむしろ、私生活のひとコマや本音のつぶやきを未加工の状態でだらだらと共有することを通じ、この瞬間のつながりを確認することに、多くの楽しみが見出されるような時代になっているのだ。

一九七一年生まれのカナダの小説家ハル・ニーズヴィエツキが「のぞき文化（ピープ・カルチュア）」ということばを造ったが、この新語は、リアリティTVやソーシャル・ネットワーク・サービスの日記で他人の私生活をのぞき見たり、ブログやツイッターで私生活の一部をのぞき見させることが流行する現代の空気をよく表しているように思う。

思えば、マイケル・ジャクソンが二〇〇九年にこの世を去ったとき、リハーサルを重ねた作品を練り上げることで観客を楽しませようとする二〇世紀的ポップカルチュアも、天国へ連れて行ってしまったのかもしれない。ポップカルチュアは、誕生当時の文脈においては、「軽い」大衆文化として扱われていたはずだが、それでも、いくばくかの時間と労苦を注ぎ込まれていた分、時の経過という試練に耐えうる品質を備えるものも多かった。

ポップなエンターテインメントに代わって世に蔓延するようになったのは、プライベートな部分を、生のままのぞいたりのぞかせたりするピープ・カルチュアである。

本書は、二一世紀に入ってからの一〇年間で大きく変わったファッション状況に対し、「のぞき」よりは少し長いスパンで向かい合って、概観し、背景に何が起きているのか、という物語を読み解こうと試みたエッセイである。本文に紹介した事例から漏れたことがらも多々あるし、紹介した諸現象からほかの物語を読み解くことも、もちろん可能であろうが、変化の渦中にあった服飾史家の目から見たまぎれもない時代の一側面であるという意味では、私家版「二一世紀ファッション史」でもある。

一見、気まぐれに変化して見えるだけの、浮薄で雑然としたファッション現象であるが、注意深く観察すれば、時代の変化の兆しをいち早く映し出す鏡であり、大きなうねりとなった暁には、新しい価値観と手を携え、社会の変化を後押しするほどの力を発揮するメディアともなる。

二〇世紀、とりわけ後半のモードの大きなテーマは、ジェンダーであったともいえる。「男らしさ」「女らしさ」、それぞれにまつわる慣習や思い込みとどのように闘い、新しい意識の芽生えをいかにそこに溶け込ませて、時代にふさわしいジェンダー感覚を表現していくのかという試みが、モードを動かしてきた。モードの変化は女性の社会進出の後押しをしながらも、その底には、恋愛や性愛のエネルギーが潜んでいた。資本主義はそのエロスのエネルギーを陰に陽に利用しつつ、もっと早く、もっとたくさん、とモードの歯車を回してきたのだった。

そのようなエロスと資本とモードの蜜月関係が、頂上までのぼりつめて破綻し、もはやかつてのようにうまく立ちいかなくなったのが、二一世紀である。恋愛の物語の代替として、あるいは恋愛よりも大切なテーマとして、モードを回す資本主義がその回転を続けるために利用し始めたのが、倫理のテーマであったともいえる。

エロスが抜け落ちた、あるいは薄まったモードは、「倫理的」になる一方、恋愛や性愛の要素をあまり伴わない、女性主体の「カワイイ」と「エロい」という二極世界とも手を携えていく。どちらの世界も、女性がモードの力によって現実を超えていくために、マニアックに追求されるが、求道的にその道を極めれば極めるほど、エロスは遠ざかっていくというスパイラルを生んでいる。

そんなモードとエロスと資本の関係の変質を中心に、本来は同列に並びえないはずのあらゆる価値がフラットに並ばされ、砂漠のような光景が現出するにいたった過程を、半ば強引に、一つの物語として読み解いてみた。読者のみなさまそれぞれがファッションを通して時代を見るための、ささやかなきっかけになれば、幸いである。

本書の執筆に際しては、集英社の館孝太郎さん、山澤賢晃さん、山本源一さん、そしてとりわけ、集英社新書編集部の服部祐佳さんに、ひとかたならぬお世話になりました。心より感謝申し上げます。

二〇一〇年春

中野香織

参考文献

第一章

『有閑階級の理論』ソースティン・ヴェブレン著　高哲男訳　ちくま学芸文庫　一九九八年

Green is the New Black, Tamsin Blanchard, Hodder & Stoughton, 2007.

第二章

『キャリア・ウーマンの服装学』ジョン・T・モロイ著　犬養智子訳　三笠書房　一九七八年

The Dandy, Ellen Moers, Secker & Warburg, 1960.

Clubs and Club Life in London, John Timbs, Chatto & Windus, 1886.

第三章

『恋愛と贅沢と資本主義』ヴェルナー・ゾンバルト著　金森誠也訳　講談社学術文庫　二〇〇〇年

『セックスレス亡国論』鹿島茂著　朝日新書　二〇〇九年

『「婚活」時代』山田昌弘、白河桃子著　ディスカヴァー携書　二〇〇八年

『ラブシーンの言葉』荒川洋治著　新潮文庫　二〇〇九年

『結婚氷河期をのりきる本!』白河桃子、ただりえこ著　メディアファクトリー　二〇〇八年
『人が人を殺すとき—進化でその謎をとく』マーティン・デイリー、マーゴ・ウィルソン著　長谷川眞理子、長谷川寿一訳　新思索社　一九九九年
『草食系男子の恋愛学』森岡正博　メディアファクトリー　二〇〇八年
『欲情の作法』渡辺淳一著　幻冬舎　二〇〇九年

第四章

『世界カワイイ革命』櫻井孝昌著　PHP新書　二〇〇九年
『エルメスの道』竹宮惠子著　中央公論社　一九九七年
『女装する女』湯山玲子著　新潮新書　二〇〇八年
『英語語源辞典』寺澤芳雄編　研究社　一九九七年

第五章

『堕落する高級ブランド』ダナ・トーマス著　実川元子訳　講談社　二〇〇九年
The Thames and Hudson Dictionary of Fashion and Fashion Designers, Georgina O'Hara Callan, Thames and Hudson, 1998.
『ヴォーグ・ファッション100年史』リンダ・ワトソン著　桜井真砂美訳　ブルース・インターアクションズ　二〇〇九年

『日本洋服史―一世紀の歩みと未来展望』吉田元監修　洋服業界記者クラブ「日本洋服史刊行委員会」一九七七年
『ショッキング・ピンクを生んだ女』エルザ・スキャパレリ著　赤塚きょう子訳　ブルース・インターアクションズ　二〇〇八年

写真提供／Getty Images　P.22(上)
アフロ　P.22(中・下)，23，56，65，95，97，115，116，118

＊本書は集英社ケータイ総合読み物サイト「the どくしょ plus」での連載『時代のテクスチュア』（2008年10月～2009年10月）を抜粋し、加筆したものです。

中野香織（なかの　かおり）

一九六二年生まれ。明治大学特任教授。服飾史家。東京大学大学院総合文化研究科博士課程単位取得。英国ケンブリッジ大学客員研究員などを経て、文筆業に。主な著書に『ダンディズムの系譜―男が憧れた男たち』（新潮選書）、『モードの方程式』（新潮社）、『愛されるモード』（中央公論新社）など多数。訳書にジャネット・ウォラク著『シャネル―スタイルと人生』（文化出版局）、アン・ホランダー著『性とスーツ』（白水社）など。

集英社新書〇五四三B

モードとエロスと資本《しほん》

二〇一〇年五月一九日　第一刷発行

著者……中《なか》野《の》香《か》織《おり》

発行者……舘　孝太郎

発行所……株式会社集英社

東京都千代田区一ツ橋二-五-一〇　郵便番号一〇一-八〇五〇

電話　〇三-三二三〇-六三九一（編集部）
〇三-三二三〇-六三九三（販売部）
〇三-三二三〇-六〇八〇（読者係）

装幀……原　研哉

印刷所……大日本印刷株式会社　凸版印刷株式会社

製本所……加藤製本株式会社

定価はカバーに表示してあります。

ISBN 978-4-08-720543-5 C0236

Printed in Japan

a pilot of wisdom